STRATEGY THAT WORKS

战略的力量

从战略规划到执行落地的整体解决方案

史玉杰 任树杰◎著

北京联合出版公司
Beijing United Publishing Co.,Ltd.

图书在版编目（CIP）数据

战略的力量：从战略规划到执行落地的整体解决方案 / 史玉杰,任树杰著 . -- 北京 : 北京联合出版公司，2023.8

ISBN 978-7-5596-6967-4

Ⅰ . ①战… Ⅱ . ①史… ②任… Ⅲ . ①企业战略 – 研究 Ⅳ . ① F272.1

中国国家版本馆 CIP 数据核字 (2023) 第 104871 号

战略的力量：从战略规划到执行落地的整体解决方案

作　　者：史玉杰　任树杰
出 品 人：赵红仕
选题策划：北京盛世卓杰文化传媒有限公司
责任编辑：管　文
特约编辑：王　景
责任校对：单元花
美术编辑：金　刚

北京联合出版公司出版
（北京市西城区德外大街 83 号楼 9 层　100088）
北京联合天畅文化传播公司发行
文畅阁印刷有限公司印刷　新华书店经销
字数 197 千字　710 毫米 ×1000 毫米　1/16　15.5 印张
2023 年 8 月第 1 版　2023 年 8 月第 1 次印刷
ISBN　978-7-5596-6967-4
定价：69.00 元

大咖联袂推荐

　　"战略"是一个宏大的课题，每每提及难免有千头万绪之感，这本书带着我从全盘看战略，从战略规划到执行落地，抽丝剥茧、层层深入。相信《战略的力量》会为每一位领导者提供有效的路径与方法论。看得懂、用得上、出结果，这颗"钻石"您值得拥有。

爱梦智能家居（珠海）有限公司人力资源总监　吴　娟

　　近些年，国内关于战略规划到执行的理论信息庞杂繁复，但大多知易行难。《战略的力量》很好地帮助我们将企业痛点、战略理论模型、操作工具、企业实践案例进行了串联并序，使枯燥的理论模型变得立体易懂。本书对于选择即将创业或在企业中承担业务管理的朋友，将是一部能够"快速上手"的良益宝典。

阿里巴巴原组织文化高级专家　雪　薇

　　驱动企业成长发展的引擎在转变，驱使着中国企业需要从抓空白的机会式发展转变为依靠组织的系统力量发展。战略成为了每个中国企业特别是民营企业都需要补上的一课。本书涵盖了经典的战略框架及实操案例，在中西方的管理实践中寻求到了一种特有的平衡，这

也使得本书成为迄今为止国内最具实操性的战略书籍之一。

歌尔股份战略与组织发展高级总监　单旭东

《战略的力量》不仅提供了丰富的理论知识，更重要的是，它能够帮助企业将理论与实践相结合，将战略规划和执行有机地融合起来。在当前快速变化和不确定性的时代，企业需要具备更加敏锐的战略眼光，同时也需要更加高效的战略执行能力。《战略的力量》这本书提供的方法和工具，正是满足了这些需求。

字节跳动支付业务战略管理　衣　蕾

这是一本实操性很强的战略管理书籍，从企业进行战略管理的视角展开，从战略洞察、战略设计、战略解码、战略执行到战略评估，将作者的实践与学习研究很好地融合成一个整体，既具系统性又有工具性，很值得企业家和负责战略的管理层参考。

文泰商学院院长　范大鹏

很多人一看"战略"，就觉得是特别大的宏观的东西，但实际上战略思维是人人可以掌握的技能。《战略的力量》不只帮你积累更多的经验，给你开阔的视野，更重要的是培养你解决问题的心态。人人可以学会，招招都可落地。

DISC+社群联合创始人　李海峰

《战略的力量》为高层管理者们提供了一套功能强大而实用的管理工具包。从战略洞察、战略设计、战略解码、战略执行、战略评估、战略保障落地，每一部分都以案例解析和行之有效的落地工具结合的方式呈现，是一本值得学习并应用到实践的好书。

山东大学企业文化研究中心副主任　沈兰军

《战略的力量》用平实的语言和生动的案例展示了从企业战略制定到战略执行的全过程。每一个环节、每一个步骤，如何操作、怎样落地执行，都能在书中找到答案。本书的作者，均是具有远见卓识、深谙企业管理精髓的实战派专家。他们从自己多年的经验与心得中提炼出企业战略管理的破解之道，直击痛点，是企业管理者的良药。

凤凰网山东（频道）董事长助理　周晓静

面对外部日益加剧的不确定性，企业领导者更应具备战略领导力，引领团队找到前进的方向。《战略的力量》一书很好地将理论与实践相结合，通过简明的语言、真实的案例、严密的逻辑，指引企业领导者轻轻松松做战略。

无锡逸盛电子科技有限公司总经理　周　健

战略对于一个企业而言至关重要，但是大多数的企业战略都是飘在空中，缺乏落地执行的有效措施，也直接影响了企业的长久发展，《战略的力量》一书从规划到执行给出了全方位的解决方案，

见解独到、全面，能够给予企业的战略落地做出非常好的指导。

青岛寰茂达智能科技总经理、山东HRD俱乐部理事长　邱　进

企业发展的大环境已经从机会驱动变化到战略驱动及价值驱动，科学制定战略且有效执行落地成为企业持续发展的基本功。《战略的力量》秉承实用落地的特点，通过其中的方法和工具帮企业快速构建起一套简单实用的打法，助力企业可持续发展，是值得推荐的战略实战宝典。

青岛蓝色基点电子商务有限公司副总经理　张　涛

战略，也就是常说的顶层设计；战略落地，也就是常说的一张蓝图绘到底、一以贯之抓落实。《战略的力量》通过阐述战略规划到执行的实践，深入浅出地阐述了战略的重要性和如何战略落地。期待本书能指导产生大量的百年强企、培养大量的企业核心人才，促进制造业长足发展。

广汽集团广汽工作方式导师　金　光

伟大的哲学家艾伦·瓦茨（Alan Watts）说"顾客只吃菜单，不吃菜"。

但，脑科学研究发现，那些色、香、味、温度等"基本物理信息"如果通不过我们大脑的测试，顾客是不会"吃菜单"的。《战略的力量》一书从脑科学的原理着手，在提供"菜单"的基础上弥补和重

组了"基本物理信息",这是当前我见到的落地实操最顺手的工具书。

青岛中邦科技发展有限公司　潘孝忠

精益变革推动的核心在于明确公司的战略。不管是外部精益顾问还是内部顾问,都应具备战略思维,引导战略规划,推动战略执行。《战略的力量》从洞察到规划到解码到执行再到评价,形成了一个完整的闭环。本书对于推动组织精益变革的朋友,将是一本"有用、有效、好用"的宝典。

标杆精益、精益通&益友会创始人　郭光宇

《战略的力量》是一本实操性很强的企业战略管理指导用书。注重战略思维和模型,强调合力和落地。书中处处呈现干货要点,朴实而实战,尤其适合中小企业战略相关人员用心品读,挽袖躬行。

简致咨询创始合伙人、国内人际动力实验室推广者　王小红

"谋无主则困,事无备则废。"《战略的力量》凝结了作者多年从事企业管理的宝贵经验和智慧结晶,在企业战略管理方面具有一定的时代性和前沿性,相信处于不同行业、不同领域的读者均能从中获取相应的指导和收获。

北京大成律师事务所(青岛)高级合伙人　王文涛

本书所呈现的关于战略管理的方法论，可以让生存在VUCA时代[1]的企业战车，镶嵌"钻石"般的智慧，穿透战略管理的迷障，一步一个脚印地踏实前行。

精益自主研协会会长　俞世洋

《战略的力量》以"战略管理钻石模型"为核心，大道至简地将战略深入浅出地进行解析，并结合落地工具，非常具有实战性。相信本书一定会赋能深入学习的企业，充分发挥战略的力量，在VUCA时代获得竞争优势。

《业绩九宫格》创立者、北京坐标系创始合伙人　翟广辉

---

① VUCA时代是指易变的、不确定的、复杂的、模糊的时代，是Volatile，Uncertain，Complex，Ambiguous的缩写。

推荐序1

领略战略的力量

在这个日新月异、竞争激烈的时代，卓有成效的战略管理已经成为组织成功与否的关键因素之一。

《战略的力量：从战略规划到执行落地的整体解决方案》无疑是一本引人入胜的商业书籍。作者为我们提供了对战略管理全面而深入的解读。本书内容涵盖了从战略洞察、战略设计、战略解码、战略执行、战略评估到战略落地保障的全部过程，并以丰富的案例诠释了如何将战略转化为组织的成功。

史玉杰和任树杰二位作者，都是战略领域的资深专家。史玉杰先生曾在数家世界500强企业担任过管理职务，有着丰富的企业战略管理和咨询经验。任树杰先生则是一位知名的战略顾问，拥有多年的咨询和培训经验。两位作者通过自己的实践经验和研究成果，深入探讨了战略规划到执行的本质，提出了一系列有针对性的解决方案和实用工具，为企业战略的制定和实施提供了宝贵的经验和启示。

作者丰富的从业经历，凝聚成了本书的第一个特色，即把先进的战略管理理论和丰富的企业战略管理实践相结合。

市场上不乏战略管理的书籍，但是把战略管理按照"从规划到执行的端到端思维"进行架构的不多。这本书，不但对传统的战略管理领域的方式、方法和工具加以灵活运用，而且创造性地利用一个战略管理钻石模型，告诉企业应该怎样结合自己的实际情况，实现从战略规划到执行落地的完整闭环。

本书的第二个特色是，提供了大量的案例、完备的工具、齐全的图表，以帮助读者更好地理解和应用所学知识，让读者拿来即用。

读完这本书，我感觉整本书思路清晰，内容简洁精炼，通篇没有冗余的句子，但是方法、步骤又讲解得非常细致、全面。不但提供了大量鲜活的案例、实用的工具和图表，而且在附录部分，作者毫无保留地把操作工作坊时的战略规划、战略解码、战略复盘的全流程方式、方法奉献给了读者。这是比较难得的。

这本书的第三个特色是，在传承的基础上，作者在战略管理的规划与落地执行这一企业管理领域自成体系，有所创新和突破。这也是这本书的亮点。

本书不但吸收了国内外管理理论提出者的真知灼见，也参考了当代各个行业的卓越的管理实践者的最佳实践成果，形成了一套完整的战略管理从规划到落地执行的理论体系。需要特别指出的是，这本书还有一些独特的亮点，如"战略管理钻石模型""战略过程RADAR模型""战略解码方法论"等颇具创新性的内容，不仅将拓宽读者的战略管理视野，也将为企业战略的成功落地实施提供新颖的思路和方法。

当然，或许是出于实战与实操的考虑，本书作者对于战略管理的理论未做深入性探讨。这有待于再版时，作者给读者新的阅读体验。

　　总之，《战略的力量：从战略规划到落地执行的整体解决方案》是一本综合性的战略管理指南，它将帮助你提升战略思维和决策能力，实现组织的成功和可持续发展。

　　无论你是一位战略管理实践人士、从事战略管理领域的研究人员和学者，或者对战略管理感兴趣的普通读者，这本书都不容错过，都能从中获得实际的收益和启示。

　　准备好开启一段战略管理之旅吧！

山东大学管理学院

国家精品资源共享课《战略管理》主持人

张雷　博士

推荐序2

战略管理的最佳实践

企业战略是企业对宏观环境、行业态势、竞争对手以及自身资源情况做出分析和判断，为实现企业长远发展目标，做出的全面的筹划和谋略，以确保企业在不断变化的市场环境中取得竞争优势。

因此，企业战略是企业在激烈市场竞争中立于不败之地的关键性因素。

在众多企业受疫情影响的大环境里，酷特智能（300840）却做到了2021年净利润同比增长28.91%，2022年净利润同比增长39.01%。从山东半岛的小型服装企业，到中外瞩目的高科技平台生态企业，酷特智能的发展历程，就是一家企业从战略规划到战略执行落地的整体解决方案的最佳实践案例。

酷特智能创始人、酷特智能C2M产业互联网研究院院长张代理将此总结归纳为"源点论"，即：企业经营必须知道、明确、坚守、厘清源点和初心，以此为方向和目标，不断提高企业的盈利和盈利能力建设。

据此，我们认为这就是战略，或者说是战略制定的原则，企业的核心能力建设才是可以保障企业长期健康可持续发展、基业长青的战略，也是适用于所有企业的战略架构和逻辑。因此，我们在实践经验中总结出来的战略公式是：战略=梦想（初心、愿景）+能力建设（满足客户需求能力和盈利、持续盈利能力）。这一点与《战略的力量》一书中的"钻石模型"不谋而合。

酷特智能创始人张代理的梦想是，"让定制不再奢侈"，经过20多年的不懈努力，形成了以"大规模个性化定制"为核心的酷特智能模式，创造了全新的企业治理体系，搭建起"酷特智能C2M产业互联网平台"。

大多数成功的企业，都是源于创始人的一个最初梦想，并为此坚持不懈地去实现这个梦想。福特创始人的梦想是"制造人人都买得起的汽车"，在这个梦想驱动下，福特公司开发出世界第一条汽车装配流水线，带来了汽车生产效率的革命性提升，让汽车制造进入规模化生产阶段。

成功的企业都有一个共同的特点，坚守自己的梦想，并能与时俱进地跟上时代步伐，应用、链接符合时代的模式、技术、方法、工具，不断地持续打造、迭代满足客户需求的能力和盈利、持续盈利能力。这些实践经验和成功案例，为我们制定战略提供了非常好的指引和借鉴。

战略是一个目标，一个方向，一个规划，它是基本确定的，但环境、形势、市场、技术、客户需求是日新月异、不断变化的。企业必须紧跟时代步伐，调整企业的生产经营方式，才能保障战略的落地和实现。调整企业的生产经营方式，就是我们一直在讲、在探索的"转型升级"。转型是转变生产经营方式，升级是不断满足客户需求和提升盈利能力。转型不是转行，只有你不了解的行业，没有最好的行业。转型不是转移，一个不会游泳的人，换多少个游泳池也是没用的。企业的战略必须围绕主业、主产品，不断提高满足客户需求能力和持续的盈利能力，这才是保障企业长远目标实现的关键。

　　企业本质上是一种资源配置的机构，企业的战略就是要整合资源，聚焦主赛道，做好加减法，做好平衡和取舍，最终目标是实现价值最大化。做大企业和做小企业的底层逻辑都是一样的，我们要坚持和舍弃的原则和方法也是相近的。让花成花，让树成树，做好战略、执行好战略，让每个企业都能成为最好的自己。

　　史玉杰、任树杰两位老师和我认识好多年了。在企业战略规划和企业管理运营等诸多方面，我们多有交流和探讨。他们以管理咨询和管理培训的方式，在助力企业发展、协同企业进步方面，一直默默耕耘着，成绩斐然。近期，他们结合自己的智慧输出的实践，写成《战略的力量》一书，从战略规划到战略执行落地，对一个企业的发展，做了较为全面、系统的论述，和读者分享了战略规划的全过程。

　　仔细阅读书稿之后，我相信，大家和我一样，会从中得到一些感悟和启示，对企业管理经营实践有所裨益。

　　这就是这本书的价值所在。

酷特智能C2M产业互联网研究院副院长

酷特智能数据工程系统总经理　李金柱

推荐序3

发挥战略的力量

随着信息技术、全球一体化经济和技术创新的不断发展，企业面临的市场竞争日趋激烈；再加上，产品的生命周期日益缩短、社会对产品质量和服务质量的要求越来越高，这些都给企业的发展带来了巨大的压力和挑战。作为一家专注反刍动物科技的国家高新技术企业的负责人，在企业运营过程中，我也深感压力倍增。

如何让企业在激烈的市场竞争中立于不败之地？怎样让企业战略快速落地？如何顺利实现绩效目标？这些都是在企业管理中急需解决的问题。虽然经过不断努力，我掌握了一些处理这些问题的方法，但是要想企业在竞争中脱颖而出，这还远远不够。

我在探索高效的企业管理方法之时，得知史玉杰和任树杰两位老师将要出版《战略的力量》一书，而且这本书正是讲企业从战略规划到落地执行的整个过程的。于是，我拿到书稿一睹为快。果然，这本书解决了我在企业管理过程中遇到的疑惑，强烈推荐给企业家朋友们。

在互联网新时代，企业要想抓住战略红利，就要思考如何发挥战略的力量，推动企业业绩的有效增长。企业要发挥战略的力量，首先要有正确的战略才行。这本书中详细介绍了企业如何打破战略管理的痛点，通过战略洞察，规划适合自身发展的战略。有了战略，然后以OGSM为载体进行战略解码。OGSM是四个英文单词的首字母组合，分别代表目的（Objective）、目标（Goal）、策略（Strategy）和衡量（Measure）。以OGSM为载体，通过战略解码七步法就能把企业战略解码到组织和个人，最终形成个人绩效合约。具体的解码方法，书中第四章讲得非常详细，一看就懂。

再好的战略，如果不能执行都只能算是口号。因此，企业要想长期发展，不仅要有正确的战略，而且要靠战略的有效执行，战略落地就变得至关重要。然而，有效地执行战略要比制定战略困难得多。这在企业管理过程当中，我深有体会。恰好，这本书中把战略落地过程当中会遇到的几种问题及其解决策略都详细进行了说明，大家阅读第五章战略执行就能够了解。

战略实施以后，如何进行检验实施进展、评价战略执行业绩、修正战略决策，以期达到预期目标？这就要用到战略评估。战略评估也可以总结业务的成功经验和规律，复制推广，帮助企业把偶然成功变成必然成功。战略评估的准则和维度，书中有详细的说明。

纵观全书，两位老师总结了工作坊的经验，从时代呼唤战略的力量讲起，告诉企业怎么做战略洞察、战略设计、战略解码、战略执行、战略评估，最后介绍了战略落地的保障和怎样发挥战略的力量。书中内容一环扣一环，步骤明确，方法简单，企业家朋友们照着做，就能解决企业战略管理过程中遇到的一些困惑。

祝您的企业管理一帆风顺！

长春博瑞科技股份有限公司总裁　郭运库

— · 自 序 · —

未来已来，战略先行

　　这是最好的时代，这是智慧的时代，这是充满理想的时代，这是一片光明的时代。

　　同时，也是易变的、不确定的、复杂的、模糊的VUCA时代。这样的时代更加呼唤战略的力量！

　　四十多年来，华为和海尔等一系列企业的成功，离不开任正非和张瑞敏等企业管理者战略领导力的发挥，离不开组织战略管理能力的提升。

　　一家企业需要企业战略，和一支军队需要军事战略的原因一样：提供方向和目标，最有效地利用各种资源，使得组织的决策层成员能够做出有利于组织发展和进步的、卓有成效的决策。

　　在现象纷繁复杂、认知飞速迭代的今天，不论哪一个层级的企业管理者，每天面对复杂的管理实践和扑面而来的海量信息，难免产生管理恐慌和知识焦虑。

　　于是，对于从战略管理到落地执行的全流程的刻意学习，越来越成为企业管理者的自我提升和精进的自觉行动。

　　因此，作者将长期沉浸于企业管理实践和企业管理咨询领域的日常所学、日常所用、日常所思，在吸收先进战略管理理论的基础上，尝试着创立使用一些最新的管理方法和工具，对一些实际案例进行解剖分析，归纳整理成这本书，与读者共享。

本书的主要特点是，作者结合多年的企业战略管理经验，摒弃长篇大论的理论讲述，从企业战略管理的实际出发，厘清了从战略制定到战略执行的有效过程中非常实用的概念、框架、技术、方法和工具。旨在帮助读者认识战略管理的基本概念及其在战略管理上的应用，使读者能够掌握战略管理的一般技巧，以便能够在所在组织和企业中发挥战略管理的功效。

本书每个章节所选取的案例，均涉及复杂的商业情境和背景资料，而分析个案所需运用到的战略管理概念和理论，都会在书中加以讨论。通过不同角度的论述和分析，读者会明白管理实践的复杂性，懂得从战略管理的角度去思考问题，并能根据自身企业的商业环境，制定有效而合适的管理战略。

本书的重点在于战略思维和分析方法，旨在引导读者，把学习到的概念与方法在不同的环境下作为决策工具，在管理实践中加以运用。

本书基本的形式是，各个章节诠释作者对于战略管理各个层面、各个方面的一般理论和知识，包含了作者的学习理解和战略管理实践以及战略管理咨询思考，通过有关的一些材料（可能是文字信息，也可能是图表信息），然后引导读者思考与战略有关的一些问题。

读者在阅读过程中，要把论及的概念融会贯通，并能实际运用各种理论，从而针对这些问题，为自己所在组织和企业提出一些切实可行的解决方案。

因此，书的最后还附上了战略规划工作坊、战略解码工作坊以及战略复盘工作的操作流程以及工具表单，可供读者参考，以便读者做有效输出。

读者如能够将在本书学到的概念及知识，应用到所在组织和企业所处的真实情境之中，并产生实际效益，对于作者来说，这是最大的安慰和褒奖。

在写作过程中，作者就传统战略管理理论和战略管理实践方法，向各个领域具有典型领导地位的人士进行了请教和交流，得到了他们的帮助，在此一并致谢。

阅读和使用本书，读者并不是孤军奋战。因为作者正和读者一样，以同样的方式实时研读和使用本书，为客户提供服务。如果在阅读和学习上遇到困惑，作者十分乐意与读者交流。

这就是从理论到实践，从实践到理论，循环往复，精进提升所带来的乐趣吧。

前途是光明的，道路是曲折的。

在ChatGPT人工智能时代的企业管理实践中，希望这本书能够在企业管理者的学习与精进过程中起到一点借鉴与启示作用。

如果是这样，那就是作者的莫大荣幸，因为，在读者成功与进步的路上，这本书曾经助过一臂之力。

是为序。

目 录
CONTENTS

第 1 章

新时代呼唤战略的力量

　　我们认为，企业的发展通常有三个红利：时代红利、战略红利和执行红利。

　　在互联网新时代，企业要想抓住战略红利，就要思考如何发挥战略的力量，推动企业业绩的有效增长。这也就意味着战略不是大企业的"奢侈品"，而是所有企业的"必需品"。然而，很多企业对战略的认知还不够，致使企业在推行战略管理时无从下手。本章从战略的定义说起，阐明战略管理的痛点以及破解之道。

战略的朴素定义

　　战略是较早应用于军事方面的词语，是指军官指挥部队作战的谋略。商业管理界的"竞争战略之父"，同时也是全球第一战略权威波特认为：战略就是企业通过差异化的一体化经营活动创造持续的、独特的、有价值的竞争优势。战略出自企业自身完整的动态系统。竞争对手、客户、人力、技术、资金和资源适应性的互动构成了这个动态系统。

其实，在商业领域，**战略就是企业实现"活着"并持续向前发展的方向、目标和方法**。那么，面对激烈的市场竞争，企业想要做什么？企业能够做什么？企业可以做什么？企业应该怎么做？企业敢做什么？只有清楚地回答这几个问题，才能够制定自己的发展战略。

企业战略就是企业的发展蓝图。没有制定发展战略的企业就像漂泊在茫茫大海中没有航向的船，只会随波逐流。

海尔集团董事局名誉主席张瑞敏认为，企业缺少发展战略，就没有发展思路，没有发展思路也就失去了出路。

战略对企业的发展来说至关重要，研究表明，85%的企业倒闭的原因在于制定战略的失误。曾经显赫一时的企业，为什么退出了历史的舞台呢？主要原因就是发展战略失败，没有把握住发展的时机。

中欧国际工商学院教授阮贵辉表示，大部分管理者寻找解决方案的方法都是错误的。企业转型失败的根本原因在于没有制定正确的发展战略。

因此，企业面对众多的挑战，要想基业长青，就必须制定自己的战略。"现代管理学之父"德鲁克认为，企业对发展战略早已不再是"是否需要重视"的问题，而是"需要如何重视"及"重视程度"的问题。所以，**战略已经不是专属于大企业的"奢侈品"，而是所有企业的"必需品"**。

一个不能**"先见、先决、先行"**的企业，注定会被时代淘汰。企业有战略不一定能够发展壮大，没有战略一定不能发展壮大；同样地，战略不能与时俱进，企业一定走不远。

战略管理的痛点：五难一缺

企业战略的重要性不言而喻，然而，企业做好战略管理并不是一件容易的事情。我们调查了大量的企业，发现企业战略管理的痛点在于"五难一缺"，如图1-1所示。

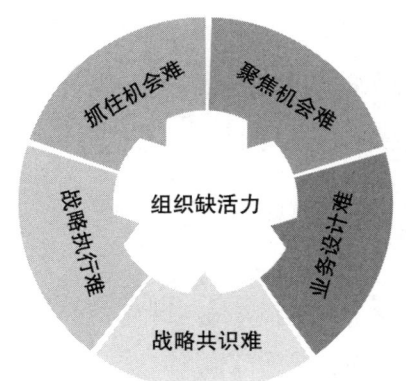

图1-1 战略管理的痛点："五难一缺"

1. 抓住机会难

因为行业发展趋势、客户采购偏好、新技术、产业政策法规等变幻莫测，很多企业难以看到、看清和看准未来的方向，无法有效发现并选择未来的战略机会点。

诺基亚公司成立于1865年，曾多次转型成功：从刚开始主要生产木材、纸浆和橡胶产品到主要出售化工产品和电器，一步步走上高科技专业化发展道路：生产手机。诺基亚曾占据全球手机市场40%的份额，拥有3000亿欧元的市值。它的行业地位，在当时可以说是首屈一指的。过去诺基亚被认为是创新的典型，并被认为是从来不缺乏变革的动力和能力的公司。然而，诺基亚从首屈一指到破产边缘只用了不到十年的时间。诺基亚错误地判断了移动互联网时代的战略转折期，也没能将市场优势与行业地位转化为持续竞争的动力，最终将领先优势拱手让人。在3G时代，诺基亚手机被苹果等智能手机"拍死"在了沙滩上。[①]

诺基亚没有预测到智能手机给自己带来的威胁，仍然按照自己的思路生产产品，而没有做细致的客户差异化需求分析，时机错过之后，再想发展智能手机已是举步维艰。

2. 聚焦机会难

很多企业确实发现了很多机会，但没有聚焦，盲目自信，盲目扩张，导致精力分散，结果一事无成。

史玉柱在回忆巨人集团的失败时说："一个企业家，一个领路人和一个团队，最难认清的就是自己，尤其是在取得了一定成绩之后，对自己是最认识不清楚的。巨人当年取得了成功之后，我的团队——主要是我，开始觉得自己本事挺大的，想做的事真就做成了，于是便认为很多事情我都能做成，所以开始做很多生意，差不多一年的时间，一下就做了十几个行业。

"当时，我去美国发现了一种特别好的口红，这种口红喝茶的时候不会印到茶杯上，我把它引进到中国来。我们把所有的产业归

---

① 资料改编自，中国经济评论. 诺基亚：巨头陨落于智能手机时代[EB/OL]（2021-08-23）
[2022-07-01].https://www.sohu.com/a/485186238_120815451.

拢到一起，取了一个名字叫"百亿计划"，把所有的产品集中在一起去打广告。

"现在回想起来觉得很可笑，那时候自己不到 30 岁，不知天高地厚，所以巨人发展到了高峰，维持了两三年就走下坡路了。这段时间，给我最大的教训就是，在同一个时间节点上最好只做一件事。

"当公司已经不行了的时候，我还不舍得放，不敢面对现实。当时我们累计有 20～30 个项目，每个都想去保。刚摔倒的时候，如果保一两个项目，那么一两个项目还有可能保下来，但每个项目都想保，到最后其实是一个也没保住，包括巨人大厦。"①

华为公司高管则强调，**不在非战略机会点上消耗战略竞争力量**。几年前，任正非在哈佛商学院演讲时，提到华为的成功是因为两个策略：一个是战略聚焦，另一个是战略耐性。

"近年来，每年投入上千亿元人民币（500 亿元用于研发，500 亿～600 亿元作为市场、服务费用），持续 28 年攻击同一'城墙口'，密集投资（范弗里特弹药量）。终于在大数据传送上，走到世界前列的队伍中来了。应用压强原则，针尖般地突破。"②

其中"范弗里特弹药量"是一个军事名词，大意是靠火力饱和攻击取胜，为了迅速取得胜利，可以不计成本地投入很多弹药进行密集轰炸和炮击，对敌实施强力压制和毁灭性的打击。

---

① 资料来源：老笔头写作. 脑白金创始人：24 年创业征程的五点感悟（创业人士必看）[EB/OL][2022-07-09].知乎.
② 资料来源：任正非在哈佛商学院的演讲：蓬生麻中，不扶自直[EB/OL]（2019-06-29）[2022-07-09].https://www.sohu.com/a/323728811_99927805.

"20多年来抵制诱惑是企业最大的困难。华为这么大的'队伍',随便进攻一个目标,就很容易获得成功,从而容易使年轻的主管急功近利,分散攻击的目标。公司内部一直在聚焦到主航道上矛盾重重。"

任正非有一句名言,"在大机会时代,千万不要机会主义"。

3. 业务设计难

企业聚焦机会后,非常容易忽视业务设计,也就是围绕选择的机会点去设计具体的打法。业务设计通常包含6个方面,分别是:客户选择、价值主张、价值获取/商业模式、业务范围、战略控制和风险管控等。

互联网时代的到来给我们带来很多便捷,也产生了很多机会。当然,互联网时代的各种模式也层出不穷。2017年7月8日,360安全中心在上海正式发布《互联网安全免费白皮书》(以下简称《白皮书》),断言杀毒软件已全面进入免费时代。《白皮书》指出,迄今国内互联网行业发生了三次"免费"和"收费"大战:第一次是263收费邮箱和网易免费邮箱之争,第二次是C2C(个人对个人)电子商务领域的淘宝免费和eBay收费之争,第三次则是360免费杀毒和瑞星收费杀毒之争。

其实,在收费和免费的三次大的"战争"期间,还发生了若干小的"战役"。著名的就是收费游戏和免费游戏的博弈。

传统上,游戏是按照消费的时长来收费的,然而史玉柱破坏了按照时长进行收费的模式,将游戏对所有玩家免费开放。游戏的收入来自游戏中设计的虚拟物品,即能够让玩家获得更佳体验的各种工具。这种新的免费模式迅速将传统的按时长计费的模式击败,将中国的游戏全面推进了免费时代。[①]

同样的机会，因为不同的业务设计，就会产生不同的效果。互联网时代推出的免费模式既让消费者得到了一定的实惠，又让模式的设计者赚得盆满钵满。

4. 战略共识难

企业看到很多机会，但内部很难就战略意图、战略机会点等达成共识（**上下对齐**）。很多企业往往依靠个人或某几个人的权力制定战略目标，但并没有得到团队的认同。同时，各部门之间也很难就一个战略目标进行协同（**左右拉通**），很难做到"力出一孔，利出一孔"。

很多高管认为，不断地宣讲公司的战略目标是成功的根本。然而调查发现，通过宣讲，战略目标不仅没有被团队理解，而且战略目标之间常常缺乏关联，甚至与总体战略也毫不相关。在参与调查的中层管理者中，只有55%的人说对了公司五大战略优先选项中的一项。对此，高管们通常感到震惊，为何公司员工对战略普遍缺乏理解。在高管们看来，他们投入了大量时间以各种形式传达战略，比如不停地发邮件、召开管理层会议和全体讨论等，但为何如此频繁沟通却收效甚微？

一个原因在于，高管以传播数量（电子邮件数量或全体讨论次数）作为衡量标准，而非质量——关键领导者对所传达信息的理解程度。当被问及理解战略有何困难时，中层领导者提到"公司优先

---

① 资料来源：360安全中心. 互联网安全免费白皮书[EB/OL]（2010-07-08）[2022-07-10]. https://finance.jrj.com.cn/2010/07/0817277733327.shtml.

选项和战略倡议数量过多"的次数是提到"缺乏清晰交流"的次数的4倍。1/4的中层管理者提到：高层频繁变换信息，只会使员工更困惑。

另一个原因在于，高管在传达信息时掺杂了"周边想法"，从而冲淡了核心内容。比如，一家科技公司的高管在年度高管会议上传达公司战略和目标时，还传达了公司的21大优先事项、一系列核心能力、公司价值观和需要掌握的21个战略新术语。毫无意外，与会者完全搞不清孰轻孰重。①

5. 战略执行难

战略洞察和战略设计固然重要，然而如何贯彻实施战略更加重要，这是竞争成功的关键。很多企业有着很漂亮的战略规划，但是很多战略在规划之后就被束之高阁，**要么从来没有被执行过，要么从来没有执行成功过**。

有机构调研过战略执行不到位的原因，主要有以下4个影响因素，如图1-2所示。

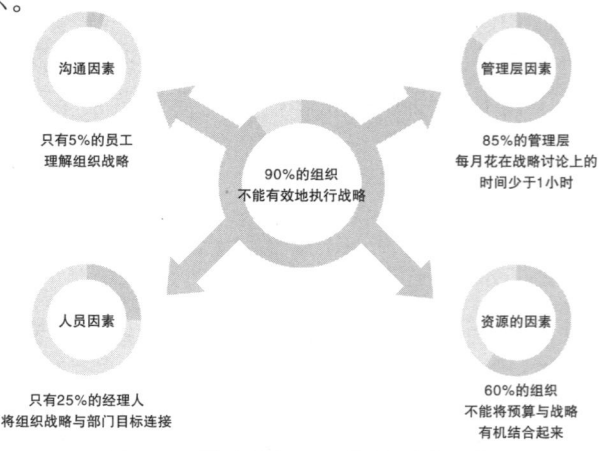

图1-2 战略执行不到位的影响因素

① 资料来源：唐纳德·苏，丽贝卡·霍姆克斯，查尔斯·苏. 战略执行五大误区[J]. 2015, （3）：1-2 哈佛商业评论。

针对经理们在实施战略过程中所面临的挑战，著名的研究机构加特纳研究集团曾经展开过调查。

表1-1给出了有效战略实施可能面临的8大障碍。

表1-1　有效战略实施可能面临的障碍

序号	障碍
1	无法有效地处理变革问题或打破内部的变革阻力
2	战略模糊不清
3	战略实施工作缺少指南或模式的指导
4	实施一项与当前权力结构相冲突的战略
5	在那些对战略实施承担责任的个人或部门之间，信息共享做得不好或不恰当
6	在有关战略实施的决策或行动方面，责任或职权不清晰
7	主力员工缺乏对战略、实施步骤或计划的主人翁精神
8	不理解组织结构设计在战略实施过程中的作用

6. 组织缺活力

华为心声社区曾经刊登过潘少钦（思想研究院/蓝军部）的一篇文章。文章中说，任总前一阶段和我们思想研究院对话时说：**"做事业就像舞龙，龙头要抬起来，这就是方向大致要正确；更重要的是，随后龙身子要舞动起来，要有力，整个龙才能舞起来、活起来。"**

军队里流行这样一句话："战术有千百条，头一条就是肯打，离开了肯打，其他的全作废。"理论讲得非常漂亮、天花乱坠，离开了肯打，一切皆空。

对于一个容易犯"官僚主义"的大企业来说，立刻行动、"肯打""能打"就意味着组织有活力。

但遗憾的是，随着企业变大，问题也越来越明显，比如机构冗余、层层汇报、权力分散、决策缓慢、部门墙厚重等问题频频出现。

IBM的郭士纳发现IBM有许多管理人员将很多时间花在了无休止的争论和公司各个单位之间的讨价还价上，而不是用在为客户提供高品质的产品上。

公司的每个部门中的各个层级都有自己的管理班子，因为没有一个管理者会相信任何一个跨部门的管理班子会把工作做好。决定跨部门问题的会议，会有一大群人来参加，因为每个部门都需要派代表来保护其势力范围。

IBM推崇"尊重个人"，可是这种文化后边竟然演变成"不"文化——一种不配合、不合作的权力行为。这样的结果直接导致IBM各个层级的官僚主义工作作风盛行，数万人都在试图保护自己的特权、资源及各自单位的利益；还有数千人则更加努力地在人群中发布命令和标准。这种体制内的足以停止体制运转的不赞同"游戏"，也会在事业部层面得到体现。公司内各个事业部之间的争斗，似乎比整个公司和外部竞争对手之间的竞争还激烈和重要。在这样一种文化中，IBM的各个部门之间充满了各种各样的矛盾，互相倾轧、互相隐瞒及互相争夺地盘等。他们不是去帮助各个部门实现协调，而是操纵着各个部门的纷争和保护各自的势力范围。[①]

无独有偶，有位曾在摩托罗拉工作多年的高管加入华为成为高管后，感觉华为和摩托罗拉同样存在一定的体制问题。

任正非一直强调：**方向要大体正确，组织必须充满活力**。在华为他

---

① 资料来源：中国企业网. IBM企业文化的三条准则[EB/OL]（2019-02-14）[2022-07-10].
https://www.hizcn.com/thread-1-3057.html.

也一直强调保持组织活力减少"熵增"。

破解痛点的思路：战略管理钻石模型

为了破解战略管理的痛点，根据多年的研究，以及帮助企业构建端到端的战略管理体系的经验，我们提出了战略管理钻石模型，如图1-3所示。

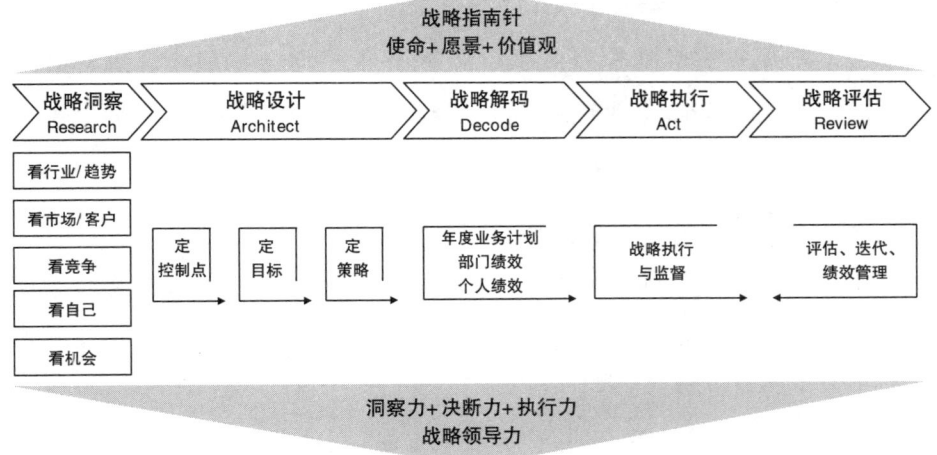

图1-3 战略管理钻石模型

战略领导力，就是构建战略管理体系首先要打造的战略领导能力。我们经过调查研究发现，战略领导力有三个重要的维度，可以写成一个公式：

战略领导力=战略洞察力×战略决断力×战略执行力。

战略洞察力，就是洞见。对未来的预判，就是"看十年"，根据趋势发现机会，聚焦机会，抓住机会。

20世纪90年代初，虽然乔布斯和苹果公司开创了个人计算机生产线，但是戴尔公司后来居上。1998年左右，戴尔说，"在这个行业看不到苹果公司还有存在的必要性"。那时候乔布斯犯了很多错误，已经不在苹果公司了，苹果公司的市场份额最低时只有2%左右。

1997年，苹果公司在破产边缘垂死挣扎之际，阔别苹果公司多年的乔布斯回归了。苹果公司萎缩的销售和陈旧的产品重创了投资者的信心，苹果公司的股价下跌近2/3。

乔布斯重回苹果公司推出的第一个产品——iMac，圆胖的外形打破了计算机造型千篇一律的桎梏，而且还改变了后盖的颜色，从以前单一的颜色变得五颜六色。问世12个月，iMac卖出了200万台。这是苹果公司多年来第一个大卖的产品。

后来苹果公司相继推出了iBook、PowerBook，用精美的设计和优良的品质让苹果公司只花费了三年的时间就重新成为计算机产业中最富创意的公司。

2000年，科技股泡沫，乔布斯又提出将个人计算机设计成"数字中枢"的先进理念，并先后开发出iTunes和iPod，同时也开始在黄金地段开设专卖店并大获成功。乔布斯曾骄傲地宣布，iMac"改变了整个计算机行业"，iPod"改变了整个音乐产业"。

在取得了一系列不错的成绩之后，乔布斯希望创造一款将通信、音影、娱乐等功能集于一体的产品，并将多点触控的LCD屏幕等许多技术首次运用于手机，这就是创造iPhone的初衷。

苹果公司有人质疑这样的跨度是不是太大了，但乔布斯说：
"要勇于追随自己的内心和直觉，它们其实早已知道你想要创造什么，除此以外都是次要的。"

非常有意思的是2006年，在戴尔公司市值下跌、苹果公司市值上升的过程中，有一天股价正好交错，在800亿美元的时候，乔布斯在内部给全体员工发了一个内容很短的邮件："今天我们超过了戴尔，让我们继续努力。"①

正是因为乔布斯的敏锐洞察力，洞察市场变化，洞见消费者潜在的、没有言明的需求，从而引领了一个时代。

战略决断力，就是选择，就是在众多机会中进行判读和选择。面对激烈的市场竞争，企业**想做什么？能做什么？可做什么？该做什么？敢做什么？**这几个关键问题的答案就是战略决断力的核心。

2007年9月，一群人在"密封的房间里吵得不可开交"，但在争吵中神奇地定出了阿里巴巴未来十年的战略——"建设一个开放、协同、繁荣的电子商务生态系统"，并形成共识：要让数据贯穿所有子公司业务。该计划被称为"奔月计划"。

2008年，王坚受到"奔月计划"的感召，从微软研究院离职，加入阿里巴巴。后来，他将"奔月"改名为"登月"，希望这个朝着月亮的宏伟计划，能够"登得上去，落得了地"。

从2008年入职到2013年，王坚一直处于内外部的巨大争议之

---

① 资料来源：环球经营YOLO. 十年过去，我们依然记得：乔布斯来过，改变过.[EB/OL]（2021−10−11）[2022−08−01].https://www.sohu.com/a/494440253_99988833.

中。其一是因为他在阿里巴巴内部强推的"飞天"，用自主研发的云操作系统和大数据平台来替换开源框架；其二是他主导的阿里巴巴云业务投入巨大，却进展缓慢，内部流传出不少要拆分阿里巴巴云的传闻。

从2010年到2012年，阿里巴巴云死磕5K，但毫无进展。5K是指单集群超越5000台，同时支持多集群跨机房计算的目标。当时全球能达到这个目标的只有谷歌、脸书，完成5K目标也意味着，阿里巴巴云成为全球第三、亚洲第一的云计算系统，同时也是中国唯一自主研发的云操作系统。

多年后，阿里巴巴云首任技术总监林晨曦如此形容这次5K征途：阿里巴巴云就像是一支军队，在攻占一个看起来不可能攻克的山头，一批冲锋者倒下了，下一批冲锋者接着顶上。这其实是很悲壮的，因为没有人知道，未来到底能不能成功。

2012年对于王坚来说是"黎明前最黑暗的时刻"，当时整个集团内部都对阿里巴巴云充满了质疑。时任阿里巴巴运维负责人的刘振飞说："有一个哥们儿跟马云说，马总不要听王坚在那儿瞎扯，他是个骗子你知道吧。"

马云却选择支持："我每年给阿里巴巴云投十个亿，投个十年，做不出来再说。"

其实私下他也摸不准："为谁做，要做多久，投入有多大，什么时候产生效益，我们也不清楚。"[1]

一个清晰的方向是在混沌中产生的，是从灰色中脱颖而出的。方向

---

[1]　资料来源：商业江湖. 奔月飞天，阿里云栖何处？[EB/OL]（2019-09-24）[2022-08-08]. https://www.sohu.com/a/343007406_100179937.

是随时间与空间而变的，它常常又会变得不清晰。正是马云的战略决断力，在"为谁做，要做多久，投入有多大，什么时候产生效益，我们也不清楚"的情况下，"想做、能做、可做、该做也敢做"，才有了今天的"阿里巴巴云"。

战略执行力，就是快速行动并持续行动、持之以恒地行动的能力。任正非曾说过："西方公司自科学管理运动以来，历经百年锤炼出来的现代企业管理体系，凝聚了无数企业盛衰的经验教训，是人类智慧的结晶，是人类的宝贵财富，我们应当用谦虚的态度下大力气把它系统地学过来。"

华为请IBM辅导推行IPD管理变革，初期阻力很大。任正非召集众高管开了一次会。在会上，任正非拿出一把裁纸刀，对孙亚芳说："你嫌IBM的鞋夹脚，就把你的'脚'剁了。""孙亚芳的'脚'都敢剁，谁敢不从？"华为管理变革从此一路畅通。

任正非在《活下去是企业的硬道理》中说："我们的方针是'削足适履'，对系统先僵化，后优化，再固化。"在《互联网时代仍然需要科学管理》中，任正非再次强调华为变革的指导方针，是"先僵化，再固化，后优化"。僵化是让流程先跑起来，固化是在跑的过程中理解和学习流程，优化则是在理解的基础上持续优化，我们要防止在没有对流程深刻理解时的"优化"。

网上流传一个段子，华为轮值CEO（首席执行官）徐直军调侃任正非不懂管理时说："老板懂什么管理，我们的IPD管理变革，他就知道那3个字母。"这个段子被很多作者引用，用以彰显任正非作为华为创始人和领路人的格局和胸怀。但很多人却不知道，这个段子的后半段。其实，徐直军的后半句是："老板连IPD具体是什么都搞不清楚，但他坚定不移地推行，把不合适的人调开，这个巨大的管理工程变革实施历经14年，才有今天的研发水平和端到端的交付水平，培养了服务于全球客户的能力……"

不错，正如徐直军所言，任正非确实对技术、市场，甚至企业管理都是一知半解的"半瓶子醋"，但任正非却是一位极具远见和魄力的管理思想家。但也就是这个只知道三个"IPD"字母的任正非，一意孤行，用"你嫌IBM的鞋夹脚，就把你的'脚'剁了"的勇气和铁腕，在华为推行IPD、ISC、IFS等一系列管理变革，让华为完成历史性蜕变。[①]

战略执行力需要"长期主义"，需要在正确的事情上下"笨功夫"。**重要的事情总是简单的，简单的事情总是难做的，"结硬寨，打呆仗"。**

战略指南针，就是战略指南，让战略有灵魂。战略指南针包括三个重要的内容：愿景、使命和价值观。

德鲁克说过，"一个企业不是由它的名字、章程和条例来定义的，而是由它的使命与愿景来定义的"。茨威格说过，"一个人生命中最大的幸运，莫过于在他的人生中途，即在他年富力强的时候，发现了自己的人生使命"。

愿景、使命为我们提供了一个窗口，让我们更好地了解和评估内外

---

① 资料来源：落红筱欣. 任正非在会上，对孙亚芳拿出裁纸刀：嫌美国鞋夹脚，就把脚割了.[EB/OL]（2019-09-24）[2022-08-08].https://www.360kuai.com/pc/zmt?id=3084118640&uid=9865f44ad1303f173b578db4b1d516b9&sign=360_57c3bbd1&refer_scene=so_1#article.

部的条件。二者主要聚焦如下问题：企业的特性是什么？企业的特性如何帮助团队成员认知什么是可能的，什么是不可能的？例如，企业的使命是否会建议某些战略将不会被考虑等。

企业只有明确了使命与愿景，才可能制定明确而愿意去达到的战略目标。实际上，在制定战略的过程中，领导者们经常发现，他们没有对未来的共享的愿景，以至于不能够从同一个层面来制定战略。这就难怪人们会对如何从此岸到达彼岸产生矛盾。

纵观华为的发展，我们认为其战略愿景分别经过了创业期的自我视角到发展期的客户视角再到成熟期的生态视角。

创业期：三分天下，产业报国。此时华为追求的是份额、扩张，成为最佳设备制造商。这个阶段的华为或许更想成为"一代宗师"。

发展期：丰富人们的沟通和生活。此时华为所做的是提供全球通信解决方案，并开始了全球化的进程。这个阶段的华为或许更想惠及大众。

成熟期：将数字世界带入每个人、每个家庭、每个组织，构建万物互联的智能世界。此时华为聚焦在"端、管、云"协同，全场景端到端链接。这个阶段的华为正在致力于"构建更好的世界"全生态的打造。

当企业确定了自己的使命、愿景之后，还需要价值观保驾护航。价值观体现为人的行动，是具体的、本质的，可以明确描述的。价值观不能给我们太多的想象空间，我们必须像执行军事命令那样运用它们，只因价值观是完成使命的办法，实现愿景的手段。

杰克·韦尔奇在《赢》一书中提到一家银行的价值观给他留下了深

刻的印象，其价值观如下：

绝不能让利润中心产生的冲突妨碍对顾客的优质服务。

对待顾客要友善、公平。

建立强大的客户关系需要时间。

不要以破坏同客户的持久关系为代价去追求短期利益的最大化。

不断寻求各种办法，让顾客感觉到与我们之间的交易简单易行。

每天都要同顾客进行交流，让顾客一旦同我们建立了联系，就不需要再去找我们的竞争对手了。

不要忘记说"谢谢"。

可以想象，当这家银行在进行战略设计时，一定会考虑短期收益和客户关系之间的平衡。

无独有偶，小米的雷军希望推动以法律文件的形式来约束小米的未来之路，他的目标是将净利润率写入公司章程。这是一个向他尊敬的企业Costco致敬的举动，也是一个让很多人觉得不可思议的举动。Costco规定，任何商品的毛利润率不得超过14%。如果超过，需要CEO和董事会批准方可。最终，小米承诺：从2018年开始，每年小米整体硬件业务（包括智能手机、IoT及生活消费产品）的综合净利润不会超过5%，如有超出的部分都会回馈给用户。这也是雷军带领下的小米公司的价值观。正如雷军所说，优秀的公司赚取利润，伟大的公司赢得人心。小米的价值基因就是要成为"伟大的公司"。

综上所述，企业的使命、愿景、价值观是精神层面的追求，为利益相关者指明了意义和目的。使命、愿景、价值观构成了战略指南针，正是这个指南针让**战略有了灵魂**，让企业可以**"捅破天，扎到根"**。

战略管理钻石模型的中间部分我们又可以称为战略管理流程，它包含5个关键动作：战略洞察（Research）、战略设计（Architect）、战略解码（Decode）、战略执行（Act）和战略评估（Review）。把5个首字母组合成为一个单词就是"RADAR"，中文翻译为"雷达"，其重要意义就在于让企业能够敏锐地捕捉战机并迅速反馈指导实施。

如果我们把战略管理流程单独建模，就称为"RADAR模型"，如图1-4所示。

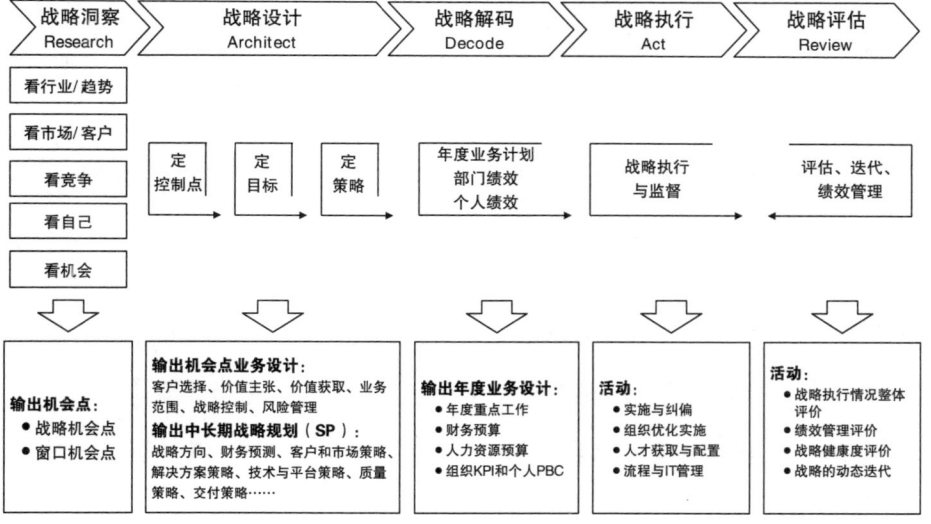

图1-4　战略管理流程：RADAR模型

战略洞察，通过"5看"在不确定性中找到相对确定的趋势，进而锁定企业的战略机会点和窗口机会点。"5看"包括：看趋势/行业、看市场/客户、看竞争、看自己、看机会。这一部分将在第2章进行详细的阐述。

战略设计，通常是指战略洞察后的"3定"，即定目标、定策略和定控制点。通过进一步明晰企业的战略意图、聚焦创新和业务设计等方式，最终输出企业3～5年的战略规划（SP）。这一部分将在第3章进行详细的阐述。

战略解码，通常指是通过可视化的方式，将企业的战略转化为全体员工可理解、可执行的行为的过程。在RADAR模型中，我们主张两次解码。第一次是将3~5年的战略规划解码到年度经营计划；第二次是将年度经营计划解码到各部门和个人，形成个人绩效合约（PBC）。这一部分将在第4章进行详细的阐述。

战略执行，正所谓"一分规划，九分执行"，不能执行的战略都是口号。吉姆·柯林斯在其著作中说："有无战略已经不是衡量一家公司能够成功的依据。无论是优秀的公司还是平庸的公司都有战略，但战略的执行力如何却是区分它们的标志。"企业要想长期发展，不仅要靠企业经营者制定正确的战略，还要靠战略的有效执行。这一部分将在第5章进行详细的陈述。

战略评估，是检验战略实施进展、评价战略执行业绩、不断修正战略决策，以期达到预期目标的系统举措。同时，战略评估也可以总结业务的成功经验和规律，复制推广，帮助企业**把偶然成功变成必然成功**。值得注意的是，随着外部环境不断变化，战略评估也越来越趋于敏捷化。这一部分将在第6章进行详细的阐述。

案例解析：酷特智能的数字化转型之路

5G时代来临，如果传统企业不懂得利用互联网，就会被自己封锁的生存模式边缘化。当下传统企业已经走向数字化智能运营，搭建了互联网平台，为实体产业实现数字化升级服务，为消费者提供全新的消费服务。

　　酷特智能是青岛市一家生产经营西服高级定制的企业。2003年，它就开始探索企业的转型升级之路。

　　回顾"酷特"创办之初，他们就把服装工厂当成了一个实验室，以服装为实验场景进行了一场科技创新的实验。然而面对互联网的迅猛发展，酷特智能意识到只有把产品变成数据，才能实现在互联网及其各信息系统之间的流动与全程协同。

　　"酷特"经过对大数据、智能制造等科技领域的不断探索，终于成功创立了C2M（用户直连制造）这一需求端与满足需求端互联互通的模式，把大规模和个性化定制之间的鸿沟填平，把无数不可能变为可能。如今，"酷特智能"已经是一家集服装、科技创新、战略科技投资于一体的数字化智能制造企业，已形成了最佳组合的相互作用力，真正实现了"一人一版，一衣一款，一件一流，7个工作日交付"的大规模个性化智能定制，解决了传统服装库存的瓶颈，以及传统个性化定制高成本、无法量产的痛点。通过版型、款式、工艺、BOM四大数据库的定制数据大脑，还能实现人机一体化有机交互，使"酷特智能"能够用工业化的设备和数字化的技术制造个性化的产品。

　　在传统工业时代，企业做什么消费者买什么，这是供需关系；在产业互联网时代，用户需要什么企业做什么，这是需供关系。让需求直达供给，高效精准链接需求和满足需求，这是酷特智能C2M产业互联网的战略目标。

　　十余年前，在酷特智能开始将这样的理念付诸实践之时，C2M还只是大多数从事制造业的企业的梦想而已。为了解决"用户需要什么企业做什么"的问题，真正实现由"供需"转换为"需供"，酷特智能认定了通过立体基础科研创新的路径来颠覆传统商业模式，即通过C2M产业互联网实现

"需供"的有效平衡。为此，酷特智能早早开始了自我革命，以3000人的服装工厂为实验室，用十多年的实践探索，形成并具备了C2M产业互联网的核心能力，即智能制造、个性化定制解决方案和数字化治理体系，建立了酷特C2M产业互联网平台和数字化治理平台。

酷特智能以C2M产业互联网平台为支撑，对传统服装供应链进行个性化和柔性化改造，率先建成了服装C2M产业互联网平台，为整个服装行业带来了颠覆性创新。转型做个性化智能定制，在当时的酷特智能，是一场伤筋动骨的变革。面料、工艺、款式全部不一样，没有系统支撑，消费者和工厂之间根本无法打通，怎么办？当时的感觉相当于要跑一场没有规划路线的马拉松，一点一滴都需要自己从零探索。这一"天方夜谭"的想法一经提出，立刻遭到了所有人的反对，但其创始人却坚定地开启了他的探索。如今酷特智能的工厂，记录着当年变革的全部痕迹，数据证明，他成功了。同时期的企业，大多因恶性竞争而倒闭破产，为数不多的幸存企业也在夹缝中求生存，酷特智能却成为C2M产业互联网的开创者和引领者，成为众多从事制造业的企业学习的对象，而作为科技创新实验室载体的服装智造，已成功成为"中国C2M服装智能定制第一股"。

现在，这个类似于"3D打印机"的智能工厂，正在服务来自全球的服装品牌商、服装创业者、时尚设计师和服装经营者等客户。酷特服装C2M产业互联网平台，为他们提供从量体、研发设计、自主下单、柔性生产、智能制造、物流配送等全产业链供需平台，提供服装个性化、柔性化的彻底解决方案，解决了传统服装高库存的难题，以及无法柔性快反的痛点。

从工业化、信息化再到数据化、智能化，酷特智能在蹚出了一条C2M产业互联网模式之路的同时，基于酷特C2M产业互联网研究院的核心技术和基础科研成果，创造了一套全新的"数字化治理体系"，搭建了"酷特治理平台"，颠覆了传统的管理模式，真正实现了全流程数据驱动，企业经营全要素可以一键实时精准呈现，实现全员自治工作。

在完成了自身数字化转型的"独善其身"之后，面对产业互联网的汹涌来势，为更好地满足个性化需求，实现新时代需求的精准供给，酷特智能谋求跨行业、跨领域地为其他从事制造业的企业赋能，寻求产业互联网生态系统的"兼济天下"。

此外，酷特智能以"成为产业互联网平台的开创者和引领者"为使命，成立了"酷特C2M产业互联网研究院"，搭建了"酷特C2M产业互联网平台"，该平台通过产业技术变革，链接、赋能、驱动需求和满足需求，改变了传统以产定销的工业批量生产模式，促进各要素资源汇聚，实现高效精准匹配，从而杜绝社会资源浪费，真正实现"按需生产"，颠覆了传统的供需关系和资源配置方式，实现了从"供需"到"需供"的转换，助力社会可持续发展，为社会贡献了有益于社会文明进步的典型实践案例。酷特智能向制造业输出全数据驱动、制造个性化产品的全生命周期解决方案，开展与个性化定制相关的培训、咨询、软硬件产品销售等业务，帮助客户建立起以需求和满足需求为核心的C2M经营模式，逐步转变为以销定产的运行机制，降低产品滞销成本和不必要的存货成本，提高盈利能力，推动其由传统制造向智能制造的转型升级。目前，酷特智能已经为包含医疗器械、化工、酒水、家纺、服装服饰等在内的二十多个行业的近百家企业提供了转型升级服务。

无论是开创中国服装行业大规模个性化定制模式，还是通过产业互联网思维纵向开发更多品类，以及多方布局打造定制品牌生态，酷特智能始终凭借对变化趋势的预判与探索，领航中国工业制造变革的潮流。永远在路上，一直在领跑。

第 2 章

CHAPTER 2

战略洞察

企业明白了好的战略对企业发展的作用之后，最关键的是如何制定一个好战略。然而，企业想制定一个好的战略并非易事，这需要深度洞察。有了正确的战略洞察，企业才能提前进行筹划，选择发展前景好、成功概率高的战略方向作为突破口。本章是RADAR模型的第一个部分，主要介绍战略洞察的五个切入点，如图2-1所示。

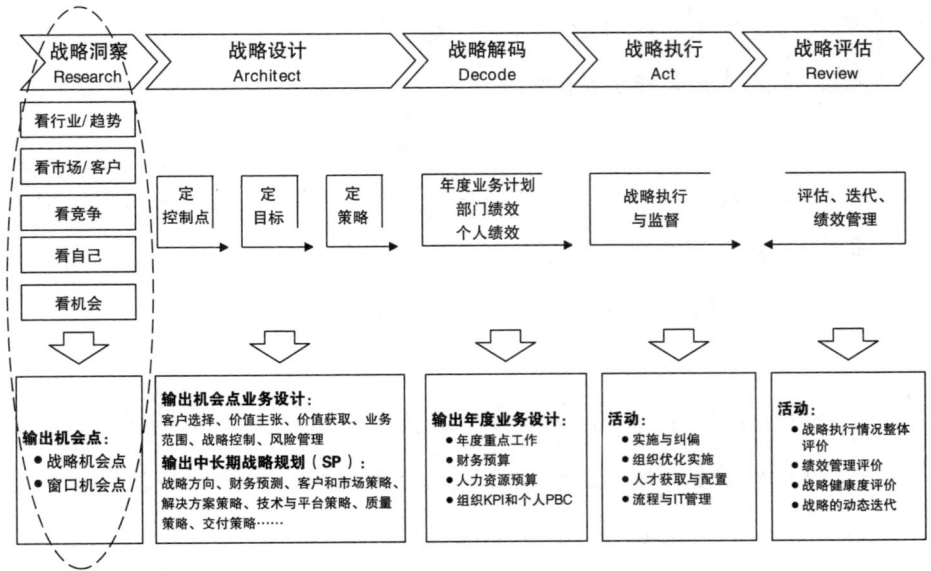

图2-1　RADAR模型

战略从深度洞察开始

《孙子兵法》云："兵者，国之大事，死生之地，存亡之道，不可不察也。"

好的战略对企业发展起到了至关重要的牵引作用。然而，企业想制定一个好的战略并非易事。好战略是企业根据未来发展预期在现有基础上的主动设计，是企业对认知假设的实验和探索，没有对未来的深刻洞察，就无法规划出好的战略。好战略首先从深度的战略洞察开始。

每个时代都有属于那个时代的机会，当今企业要想抓住机会，就要看清楚行业环境的变化、市场需求的变化、竞争对手的变化，从而分析自身的优势和劣势，发现机会和挑战，顺势而为，抓住机会点。任何翻倍增长的机会都源于对行业、客户、对手和自己的持续深度洞察，可以说**"洞察的深度决定着增长的幅度"**。

洞察的本意是基于某项事物进行更深度的观察，从而得出本质性结论。洞察与观察不一样，观察是只看到表象，而洞察是掌握内核，洞察是在观察的基础上更深入地思考，而这种思考具有较强的前瞻性和指引性。**洞察=调查+研究**，从而掌握事物的**本质**、**规律**和**趋势**。

1987年，张忠谋创立台积电，主要聚焦在半导体领域。20世纪80～90年代的芯片产业和今天是完全不同的，当年的芯片巨头采用的都是IDM（Integrated Device Manufacture，集成器件制造）模式，也就是从设计到制造、封测等各个环节全都是自己来完成的。

时至今日，英特尔仍旧保留了很大部分的IDM。

IDM模式虽然有着全链路的优势，但是对于一个企业来说，不管是技术投入还是资金投入都是很大的。尤其是设计之后的制造和封装，因为技术原因，成品率很低，成本很大！

正是看到这样一个机会，所以在台积电创立之初，张忠谋对其定位就很清楚：别的不做，只做代工（Foundry）——台积电永远不会和自己的客户开展竞争。可是在当时的行业背景下，大多数人并不认同"代工"模式。台积电初创之时，张忠谋曾经去找英特尔公司拉投资，结果英特尔公司不看好"代工"模式，直接拒绝了他的融资请求。

但很快，反对者们就被"教育"了——事实证明，张忠谋对行业的认知，其深度"吊打"当时几乎所有的从业者，因为台积电在制造成本等各方面都有极高的优势。张忠谋向全世界半导体产业宣布："选择台积电，成本降一半，质量好两倍，你们不需要建工厂了，把设计图发给我，我帮你们造！"

台积电在制造进程中取得了重大的突破：1999年，推出世界首个0.18微米低功耗工艺技术；2003年，全球首推0.13微米铜制程技术；2004年，全球首家采用浸没式光刻技术；2006年，量产65纳米工艺技术；2008年，量产40纳米工艺技术；2011年，全球首家推出28纳米通用工艺技术；2013年，台积电实现了当时最先进的20纳米制程芯片的量产，成为苹果A8芯片独家供应商；2014年，张忠谋提出了震惊全行业一整年的"夜鹰计划"，加速突破10纳米技术节点。台积电在2017年实现了10纳米芯片的量产，2018年实现了7纳米芯片的量产。2019年一季度，台积电的5纳米芯片量产成功，几个月后，5纳米制程的产品便为台积电贡献了20%的收入。

2017年3月20日，台积电市值超过英特尔公司，成为全球第一半导体企业。2017年，台积电承包了全世界55.9%的晶圆代工业务，规模和技术均列全球第一。2022年第一季度，台积电在全球智能手机芯片市场占据了69.9%的份额。①

在全球还没有成立独立的半导体设计公司的背景下，张忠谋敏锐地看到了事物的本质。正是因为这个战略洞察，不但改变了芯片行业的发展格局，也带来了台积电30年的高速发展。

正如《孙子兵法》所言："夫未战而庙算胜者，得算多也；未战而庙算不胜者，得算少也；多算胜少算不胜，而况于无算乎？"

有了正确的战略洞察，企业才能提前进行筹划，选择发展前景好、成功概率高的战略方向作为突破口。如果没有深度的战略洞察，战略本身也就不具备真正的指引性，只能是应急式的反应，企业就无法制定真正的好战略。

战略洞察的方法论通常会从五个维度进行，在很多企业称为"5看"：看行业、看市场、看竞争、看自己和看机会，如图2-2所示。

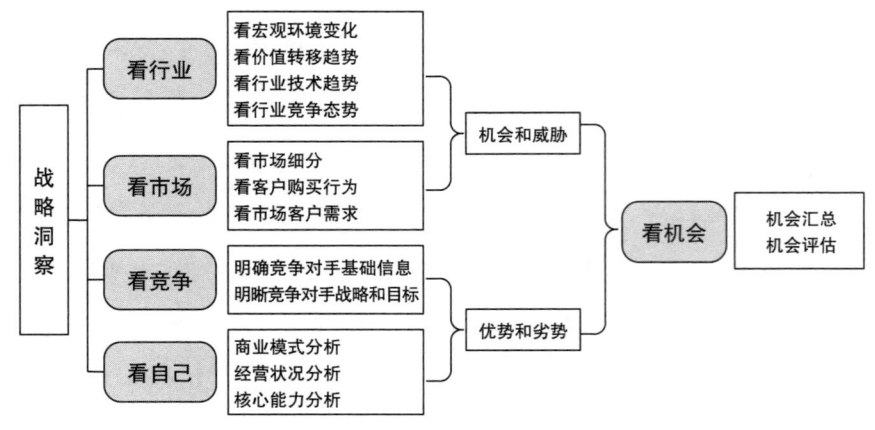

图2-2　战略洞察"5看"

① 资料来源：知乎. 台积电先进制程激荡35年[EB/OL]（2022-04-18）[2022-07-10].https://zhuanlan.zhihu.com/p/500661359.

看行业：从宏观到微观

看行业是指从宏观到微观、由粗到细找出宏观环境给企业带来的机遇和挑战，帮助企业"闻"到有钱味的地方，如图2-3所示。

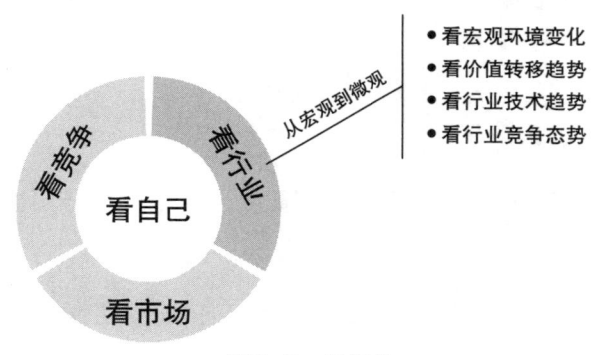

图2-3 看行业

1. 看宏观环境变化

看宏观环境变化，就是从宏观的角度看政治法律环境、经济环境、社会文化环境、技术环境的变化，包括看国家层面的政治、经济、文化、社会等方面的变化与发展趋势，分析这些趋势将会给行业带来什么样的影响与变化，给整个产业带来的技术发展趋势是怎样的？会发生哪些变化？通过分析，洞察国家层面的宏观环境，识别行业发展的方向和趋势。

PEST（Politics,政治法律；Economy,经济环境；Society,社会文化；Technology,技术环境）是非常经典的分析模型，具体如图2-4所示。

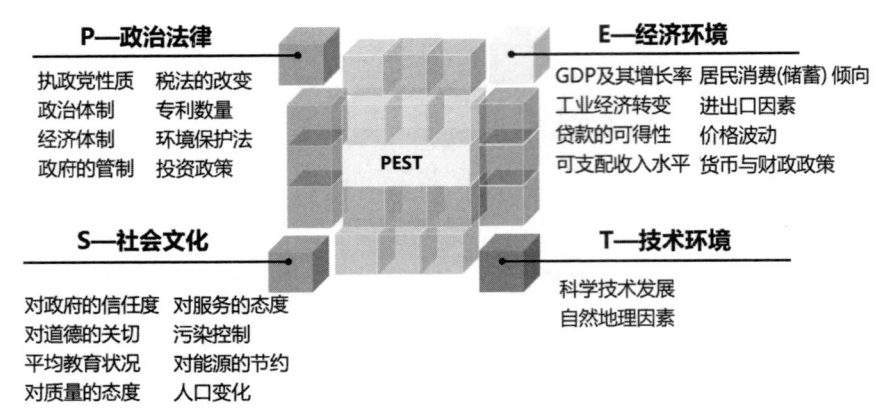

图2-4　PEST模型

（1）政治法律方面

政治法律方面对行业发展的影响因素，主要有政府的管制、政策的调整、新法律法规的出台等。

例如，2020年7月21日，习近平主席在企业家座谈会上的讲话中提到："面向未来，我们要逐步形成以国内大循环为主体、国内国际双循环相互促进的新发展格局。"

在当前保护主义抬头、世界经济低迷、全球市场萎缩的外部环境下，我们必须充分发挥国内超大规模市场优势，通过繁荣国内经济、畅通国内大循环为我国经济发展增添动力，带动世界经济复苏。"内循环"既是国家应对当前国际形势的应变之举，也是经济发展的一个重大契机，企业要善于从变化中抓住机会。

再比如，海南省人民政府《关于印发海南省碳达峰实施方案的通知》中提出，到2025年，公共服务领域和社会运营领域新增和更换车辆使用清洁能源比例达100%；到2030年，全岛全面禁止销售燃油汽车。这将给新能源汽车领域带来新的契机。

（2）经济环境方面

经济环境方面对行业发展的影响因素，包括GDP（国内生产总值）及其增长率、贷款的可得性、居民消费倾向、价格波动等，这些因素都会影响行业的发展。

例如，近年来，国际铜价出现大幅度上涨，铜材料价格波动对相关企业影响较大。针对原材料价格波动，相关企业可以通过不断规范原材料采购制度，加强经营管理水平，降低运营成本，以提升经营业绩。

（3）社会文化方面

社会文化方面对行业发展的影响因素，主要有对质量的态度、对服务的态度、对能源的节约等。

例如，人们越来越依赖网上购物。据相关报道，2020年"宅"消费比例大幅度上升。对于适合进行线上推广和销售的产品而言，以我国网络技术和基础设施的发达和线下快递业务的便捷而言，2021年是网络销售再次飞跃式发展的良好机会。现实已经证明，那些能够把握住机会的企业，已经在短时间内建立起在线营销体系和线上客户群体。

又如，现在很多发达国家都面临人口老龄化的困扰。那么对于中国来说，从2000年就开始渐渐走向老龄化社会了，人口老龄化发展迅速，是世界上人口老龄化发展速度最快的国家之一。第七次全国人口普查数据显示，60岁以上（含60岁）人口的比重达到18.7%，这意味着从2022年开始我国就正式进入老龄社会了，每6个人里就会有1个老年人。再过7～10年，深度老龄化社会将会来临。所以，养老是未来民生最重要的话题之一，"银发经济"也会悄然崛起。

（4）技术环境方面

技术环境方面对行业发展的影响因素主要是科技的应用。

例如，近年来中小企业出现了融资难的问题，但是这并不是没有解决之道，金融科技就给中小企业发展带来了机会。

在博鳌亚洲论坛2021年年会"中小企业的生存之道"分论坛上，国家金融与发展实验室理事长李扬指出，疫情使小微企业通过传统融资方式获得资金的渠道缩小、能力下滑、成本上升。李扬说，金融科技起点很低，成本也很低，所以在新冠病毒疫情中，金融科技普惠方面的功能得到了充分彰显。"几年前G20峰会上，中国率先提出了用金融科技手段来发展普惠金融的倡议，现在中国金融科技特别是在支持小微企业方面是走在世界前列的。"[①]

2. 看价值转移趋势

企业要进行行业价值链分析，通过洞察行业价值链，确定企业的行业定位和竞争战略。

首先，企业要看自己处于行业价值链的什么位置。一条完整的行业价值链包括供应商、制造商、经销商、消费者（用户），如图2-5所示。

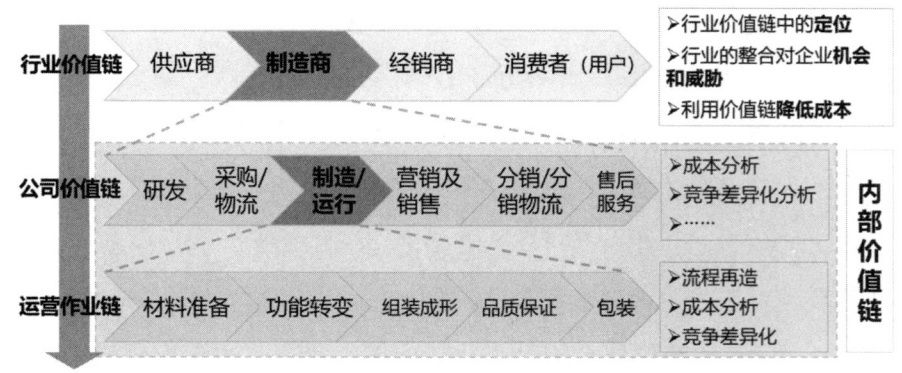

图2-5 行业价值链

企业确定了自己在行业价值链中的位置之后，就要分析行业的整合

---

① 资料来源：中新网.博鳌亚洲论坛2021年年会举行"中小企业的生存之道"分论坛.[EB/OL]（2019-09-24）[2022-08-09].https://www.chinanews.com.cn/tp/hd2011/2021/04-18/980395.shtml.

给企业带来的机会和威胁，从而利用价值链降低自己的成本。

　　某铁合金厂，原来的运营模式是从上游采购金属矿、电和水，其重组前的价值链如图2-6所示。但是受电价上涨、供应不足、质量不好等因素的影响，铁合金厂长期开工时间不足，以致年年亏损。

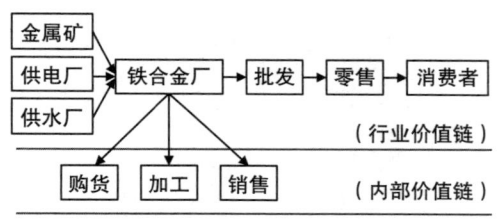

图2-6　某铁合金厂重组前的价值链

　　后来，这个铁合金厂对上游电厂进行了并购，使其成为铁合金厂内部价值链的一环，形成了一条全新的煤、电、冶产业链，如图2-7所示。这样就彻底解决了上述问题。

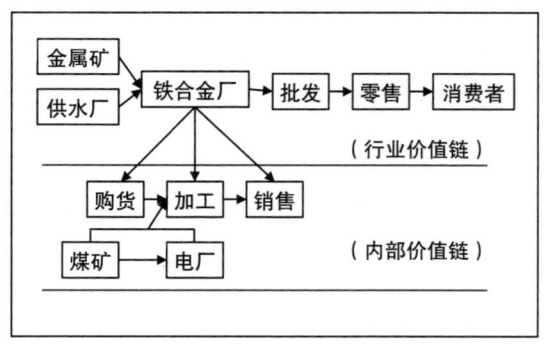

图2-7　某铁合金厂重组后的价值链

　　因此，通过价值链分析（价值链分解+找到核心竞争力+培育核心竞争力+价值链整合）可以带来新的市场机会。

企业除了要看透自己在行业内价值的位置，还要清楚价值转移的趋势，这样才能更好地识别并发现行业的利润区。

例如，IT行业价值转移分析，可以从业务价值、基础设施价值、组件价值三个方面进行，随着时间的增长，各方面的价值有增有减，如图2-8所示。企业可以根据各方面的价值增减趋势，决定投入的比例。

营业利润

		1995	2000	2005	趋势
业务价值		14%	21%	33%	⬆
基础设施价值	服务/软件	28%	25%	32%	⬆
	服务器/存储	13%	13%	6%	⬇
	客户机	11%	6%	4%	⬇
组件价值		34%	35%	25%	⬇

图2-8　IT行业价值转移

3. 看行业技术趋势

企业发展新技术不能盲目地进行，要看清整个行业当中技术的发展趋势。企业要了解整个行业技术的发展趋势，就要充分了解整个行业技术的特征、分类，时刻关注行业内出现的新技术，以及新技术的发展趋势。不仅如此，企业还要做好影响行业技术发展趋势的因素分析。

一项新兴技术的发展往往要经历萌芽期，然后是各行各业的争相应用，从而达到过高的期望值，接着又进入泡沫化的低谷期，而后才进入技术成熟后的稳步爬升期，最后才是真正的应用高峰期，如图2-9所示。企业通过行业技术趋势分析，能够确定企业技术投资的机会点。

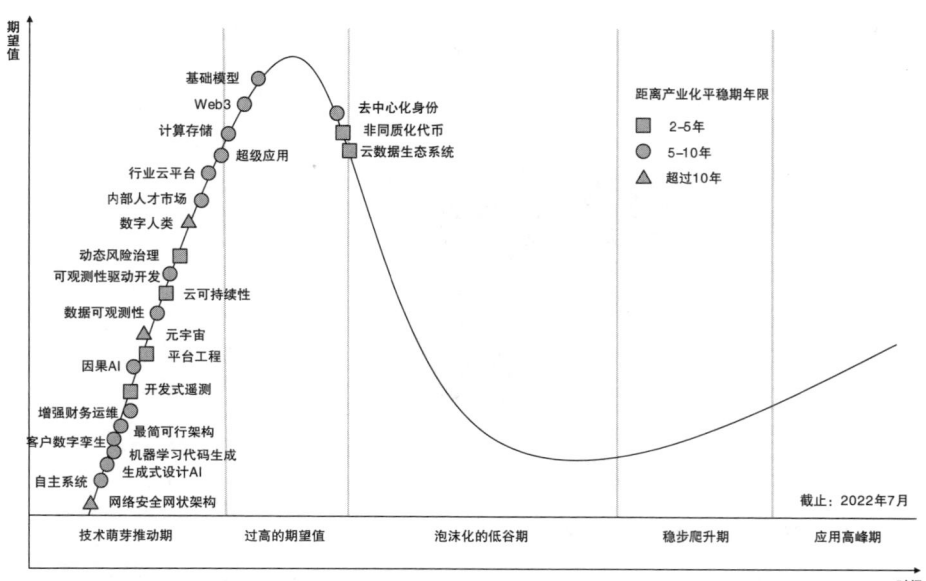

图片来源：Gartner发布2022年新兴技术成熟度曲线。

图2-9　行业技术趋势

4. 看行业竞争态势

迈克尔·波特（Michael Porter）创建的五力分析模型，是我们经常用来分析行业竞争环境的模型。波特认为行业中存在着决定竞争规模和程度的五种力量，它们综合起来影响着产业的吸引力，以及现有企业的竞争战略决策。五种力量分别为同行业内现有竞争者的竞争能力、潜在竞争者的进入能力、供应商的议价能力、购买者的议价能力、替代品的替代能力，如图2-10所示。

（1）同行业内现有竞争者的竞争能力

这是指企业在该行业面临的生存压力以及相对的竞争优势，每个行业领域都会发展起来相对的头部和主要竞争对手，这时候就构成了行业领域内的竞争环境。

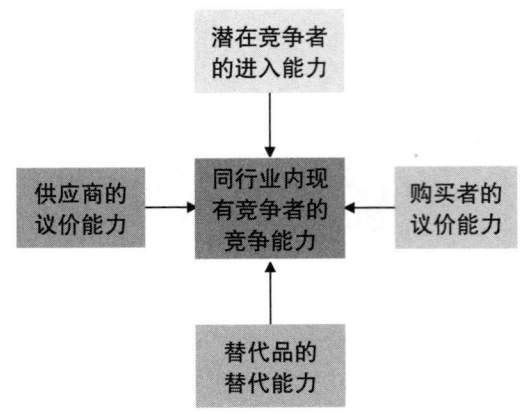

图2-10 波特五力分析模型

（2）潜在竞争者的进入能力

潜在竞争者的进入会带来新的产出，占领行业市场上的部分资源。同时，太多的潜在竞争者容易造成该市场的饱和，使该行业的相关产品价格下跌、利润减少，优质的潜在竞争者更会带走一部分购买力，对企业构成很大的威胁。

（3）供应商的议价能力

供应商可提供的产品包括资金、设备、劳动力，以及生产材料等。一般供应商所能提供的这些人力物力对商家而言越重要，其对商家关键业务的利用价值就越大，供应商的议价能力也越大，反之则越小。

（4）购买者的议价能力

购买者的议价能力也就是消费者购买的意愿及能力，一般购买者会要求商家降低价格或提高产品质量和服务。购买者的消费次数越多，购买能力越强，议价能力就越强；反之，议价能力被削弱。

（5）替代品的替代能力

替代品即行业或不同行业内产品功能相同的其他产品。例如，方便面市场在很大程度上受到了外卖行业的冲击；共享单车替代了传统的自行车。

我们以"五力分析模型"对个人计算机行业进行分析，见表2-1。

表2-1　个人计算机行业分析

五力	分析	结论
供应商的议价能力	操作系统微软一家独大	议价能力强
购买者的议价能力	产品趋于标准化，零部件价格透明度高，购买者对产品熟悉，购买行为偏理性	议价能力强
潜在竞争者的进入能力	个人计算机生产标准化程度高，代工产能高，标准化的零部件，进入门槛偏低	进入能力高
替代品的替代能力	移动互联时代，手机取代个人计算机的情景、场合越来越多	替代能力强
同行业内现有竞争者的竞争能力	个人计算机行业竞争非常激烈，产品差异化程度不高，品牌溢价起到了主导作用	竞争能力强

由上述分析不难看出，个人计算机行业的利润整体不高，而且可以肯定的是行业内这五种力量不会减弱。所以，个人计算机行业不是投资的理想行业。

然而，有些企业还是要进入个人计算机行业的。以华为为例，华为还是要进入个人计算机行业的，为什么呢？因为华为提出了"1+8+N"的战略构想。其中，"1"是指智能手机，"8"是指大屏、音箱、眼镜、手表、车机、耳机、平板电脑、PC等，"N"是指不同的场景，如移动办公、智能家居、运动健康、影音娱乐及智能出行等等。

看市场：从整体到局部

目前，国家提出了"以国内大循环为主体、国内国际双循环相互促进的新发展格局"的经济发展战略。随着这一战略的实施，市场会进一步细分，商业机会不断涌现。在这样的大背景下，企业如何发现更大的市场，占有更多的市场份额？这就需要从整体到局部，分析客户购买行为，分析客户需求，确定目标市场，从而做出战略取舍。企业要学会看市场，如图2-11所示。

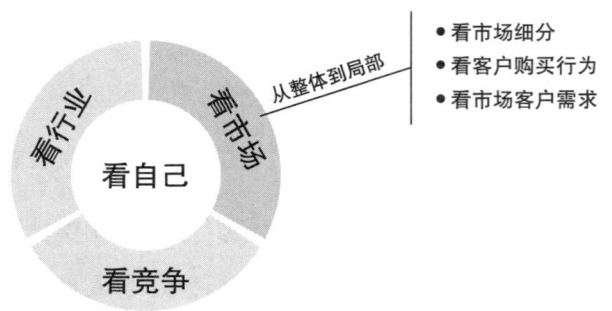

图2-11 看市场

1. 看市场细分

没有客户，企业就无从发展。因此，客户对企业的作用不言而喻。企业只有找到自己的潜在客户，精准满足客户的需求，才能不断发展。潜在客户是指存在于消费者中间，可能需要产品或接受服务的人。我们也可以将此理解为，潜在客户是经营性企业机构产品或服务的可能购买者。

　　企业怎样找到自己的潜在客户呢？可以通过分析客户的特征、购买记录等数据，标识潜在客户。企业要弄清楚**客户是谁，客户买什么，为什么买**。

　　美国市场学家温德尔·史密斯（Wendell Smith）于20世纪50年代中期提出市场细分的概念。他指出：**"市场细分是指营销者通过市场调研，依据消费者的需要和欲望、购买行为和购买习惯等方面的差异，把某一产品的市场整体划分为若干消费者群的市场分类过程。每一个消费者群就是一个细分市场，每一个细分市场都是具有类似需求倾向的消费者构成的群体。"**

　　市场细分可以参照以下几个依据进行，见表2-2。

表2-2　市场细分的基础依据

维度	具体事项
地理细分	国家、地区、城市、地形、农村、气候
人口细分	年龄、性别、国籍、职业、收入、学历、家庭人口、家庭类型、家庭生命周期、民族、社会阶层
心理细分	社会阶层、生活方式、个性
行为细分	时机、追求利益、使用者地位、产品使用率、忠诚程度、购买准备阶段、态度

　　市场细分是以客户需求为中心，而不是根据企业已有产品品种、产品系列来进行的。当然，也不排除企业对自己的产品重新进行市场定位，也就是不同的产品对应不同的市场细分。市场细分对企业的生产、营销起着极其重要的作用。

　　著名的市场营销学家麦卡锡提出了**目标市场的概念**，即要把消费者看作一个特定的群体。企业通过对市场的细分，集中主要力量在某个特定的目标市场，或针对一个细分市场，或重点经营一种产品和服务，建立产品和服务优势。

对市场细分并找到目标市场，此时的目标市场有可能是相对狭窄的，也就是通常意义的利基市场。菲利普·科特勒在《营销管理》中给"利基"下的定义为：利基是更窄地确定某些群体，这是一个小市场并且它的需要没有被服务好，或者说"有获取利益的基础"。通过对市场的细分，企业集中力量于某个特定的目标市场，或严格针对一个细分市场，或重点经营一种产品和服务，创造出产品和服务优势。

传音控股是在2006年由竺兆江带领他的原波导公司的团队创立的。竺兆江虽然放弃了波导公司，但是前些年在海外市场积累了一些经验。这些经验指引着他放弃大牌云集、竞争激烈的欧美市场，而将目光投向了几乎是"一张白纸"的非洲。

同时，竺兆江也意识到了，既然他能想到非洲市场是块大蛋糕，欧美的大牌手机公司也会抓住这个机会，那么要想在非洲市场取得竞争的胜利，就要靠产品的差异化。也就是说，要迅速占领非洲市场就必须有能够满足非洲人需求的产品。

为了打造出满足非洲人需求的产品，竺兆江亲自到非洲调研。他发现，在非洲售卖的智能手机，手机自带的美颜功能，竟然没有以非洲人为参考的数据植入。

竺兆江意识到了这一点，立刻带领团队研发针对非洲人的美颜技术。与此同时，他还考虑到非洲人的爱好和生活情况，给手机植入了超大的音响与超长的电池续航，并以折合人民币800~2000元的低价在非洲出售。

由于传音手机满足了非洲人的消费需求，一路从2007年的年销售量300万台攀升到2014年的年销售量4600万台，成功跻身世界手机市场前列。

传音成为"非洲手机之王",仅仅用了7年的时间。

此后,传音不断改进产品,更好地满足了非洲人的消费需求。资料显示,2021年,传音控股手机整体出货量约1.97亿部,同比增长13.07%。IDC(互联网数据中心)数据统计显示,2021年该公司在全球手机市场的占有率为12.4%,在全球手机品牌厂商中排名第三,其中智能机在全球智能机市场的占有率增至6.1%,排名第六位。[①]

当然,另一种做法就是选择一个大众市场,然后通过产品细分来满足不同客户群体的需求。同样以手机为例,不同的手机品牌商通常都会有不同的产品系列,而不同的产品系列对应着不同的消费群体。我们以华为手机的几个系列为例进行进一步说明,见表2-3。

表2-3 华为手机系列与目标客户群

系列	定位与客户群	特点
Mate系列	定位高端和奢华的旗舰级手机,面向商务人群	配置高端、奢华 价格高 设计风格硬朗 PC模式 AI智慧通信 注重安全
P系列	定位时尚旗舰,面向年轻用户(尤其是注重颜值和拍照的女性用户)	时尚 强大的拍照功能 惊艳的外观 价格比Mate更经济

① 资料来源:真相君. 中国手机黑马:非洲销量第一,全球销量仅次华为,偏偏不在中国卖.[EB/OL](2019-07-08)[2022-08-28].https://www.sohu.com/a/325464692_100193179.

续表

系列	定位与客户群	特点
Nova系列	面向注重高颜值拍照的年轻时尚群体	时尚 高颜值 明星效应（当红"小鲜肉"代言） 中高端配置
荣耀V系列	定位先锋科技，面向玩游戏和看视频的年轻消费者	极致性能和体验 屏幕大 突出新技术，带来新体验
荣耀HONOR系列	定位潮流先锋，面向追求潮流时尚的年轻群体	高性价比 外观简约时尚 色彩酷炫 强调时尚感与性能并重

注：2020年11月17日，华为发布官方声明，将荣耀业务整体出售。从此，华为不参与荣耀的经营，也不占有荣耀的股份。

从上述案例不难看出，没有任何一种市场细分的方法是绝对完美的。一个细分市场需要多种产品去满足，一种产品也有可能覆盖一个以上的细分市场。

2. 看客户购买行为

随着生产力的发展，市场供过于求的趋势更加明显，企业之间的竞争愈演愈烈，产品销售变得越来越困难。对企业来说，对客户购买行为进行分析不仅有利于增强企业在当前市场中的竞争力，也可以帮助企业降低风险。

目前，大多数企业对客户行为分析做得还比较笼统，没有掌握一套切实可行的方法。其实，做客户购买行为分析，填好下面的一张表格就足够了，见表2-4。

表2-4 客户购买行为分析

客户购买什么	通过什么链接购买（购买渠道）	采购链		决策链		决策因素
		谁购买	如何购买	谁决定购买	如何决策	

当我们分析客户购买行为、分析决策链时，一定要区分两个概念：用户和客户。简单地说，客户就是花钱买产品和服务的人，而用户就是使用产品和服务的人。

例如，你买一部手机送给老婆当生日礼物。你就是客户而你的老婆就是用户。此时，手机销售人员就应该分析"你"购买的是什么；"你"更喜欢通过什么方式和渠道购买；"你"自己决定买哪一款，还是需要听你老婆的。

针对决策链，我们还要关注两类人：说"同意（Yes）"的人和说"不行（No）"的人。有些人可以拍板，决定采购某个产品；有些人虽然没有权力拍板，不能决定买什么，但是他可以表达自己的观点说"什么不行"。

因此，我们在看客户时，还应该从更大的系统去看客户的购买行为，我们称为"客户经济系统"。

亚德里安·斯莱沃斯基在其著作《发现利润区》中说："客户经济系统包括支付产品和服务的金额，使用、储存和处理这些金额的费用，购买和使用过程中耗费的时间，以及在整个过程中所要承受的剧烈斗争。"总而言之，客户要购买和使用产品和服务，就要付出金钱、时间，承担抉择的困扰。有了客户经济系统这个大盒子，才会产生产品这个小盒子。在这本书中，他又给出了许多案例，如迪士尼公司解决了家庭度假的难题；英特尔公司使行业客户更便捷地使用它的芯片；微软公司提供给客户标准的、易于使用的、广泛应用于全世界的套装应用软件，而所有这些供应商得到的回报都是超乎想象的，如图2-12所示：针对购买者，就要考虑产品；针对CMO（首席营销官），就要考虑降低营销成本；针对CFO（首席财务官），就要考虑资金成本；针对CEO，就要产生更多的销售；针对客户的客户，就要有更可靠的安全性。

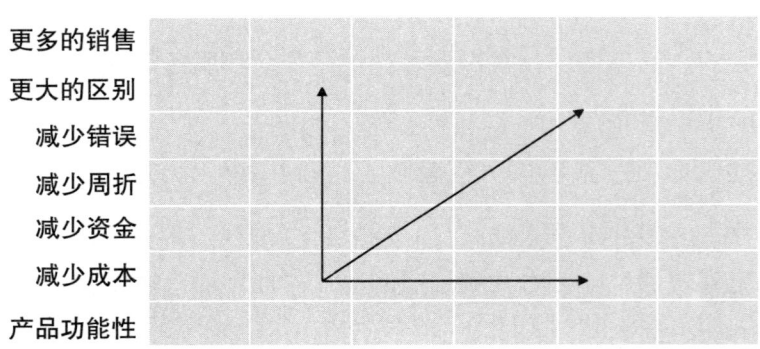

图2-12　客户系统经济视角

实际上，真正地了解客户经济系统会给供应商带来巨大的好处，因为这会使这些供应商具备回答如下问题的资格：

我们如何才能为客户创造价值？

回答这个问题的前提就是我们要不断地发现不断变化的客户偏好，也就是需求。

3. 看市场客户需求

做客户需求分析首先要区别客户要求和客户需要（需求）。客户的要求就像浮在水面上的冰山，我们一眼就能看到，客户的需要（需求）、痛点就像冰山下面的东西，有时候连客户自己都说不清楚，如图2-13所示。企业只有发现并满足客户的需求，才能够解决客户的痛点问题。

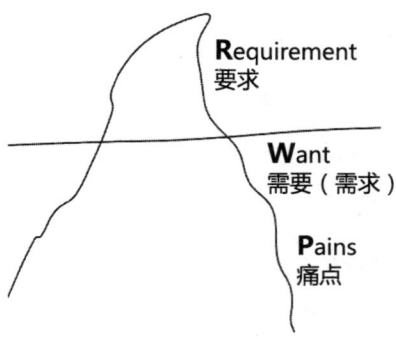

图2-13　客户需求分析RWP模型

福特公司的创始人亨利·福特曾向客户做过调查："您需要一个什么样的、更好的交通工具？"他听到的答案几乎都是："我要一匹更快的马。"或许很多人听到这个答案后，去培育跑得更快的马，用来满足客户的需求。但是福特先生却没有这么做，而是接着问道："您为什么需要一匹更快的马？"

客户："因为可以跑得更快！"

福特："您为什么需要跑得更快？"

客户："因为这样我就可以更早地到达目的地。"

福特："所以，您要一匹更快的马的真正用意是？"

客户："用更短的时间，更快地到达目的地！"

然后，福特就发明了汽车，很好地满足了客户的需求。[①]

① 资料来源：中国作家网. 谁要一匹更快的马.[EB/OL]（2016-07-04）[2022-09-29].http://www.chinawriter.com.cn/dianying/2015/2015-12-17/260727.html

这个故事告诉我们要深度挖掘客户的需求，而不是停留在客户所说的事物的表面。企业只有发现并挖掘客户的深层次需求（痛点），才能在"客户驱动"的世界中取得成功。

接下来，我们从3个维度进行客户需求的阐述。

维度1：客户需求分析的维度

企业可以用$APPEALS模型来做产品的客户需求分析。

价格（$）：客户希望支付多少钱；可获得性（A）：客户整个购买经历，包括他们购买的渠道；包装（P）：客户需要什么样的包装，包括外观、材质等；性能（P）：客户需要什么样的功能和性能；易用（E）：产品设计上的使用体验（交互、人性化等）；保证（A）：由整个产品和服务提供；生命周期成本（L）：考虑什么样的生命周期成本影响客户购买产品；社会接受程度（S）：什么形象可以促进客户购买我们的产品，如图2-14所示。

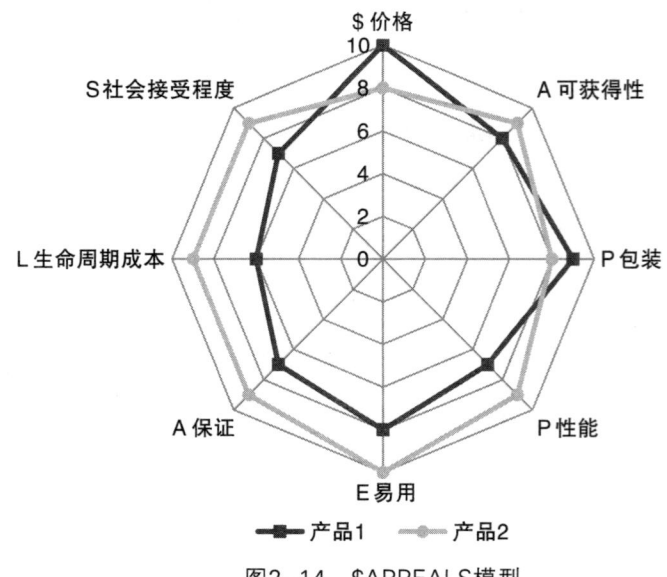

图2-14 $APPEALS模型

维度2：客户需求分析的方法

企业可以通过市场活动、销售活动、用户活动等一手信息进行客户需求分析。同时，也可以借鉴一些公开的信息和专业的数据等二手信息进行客户需求分析。通过整理分析需求库，发现典型客户的需求，如图2-15所示。在很多企业的市场管理流程中，都会建一个需求库，而这个需求库也是产品设计与研发流程的一个输入。

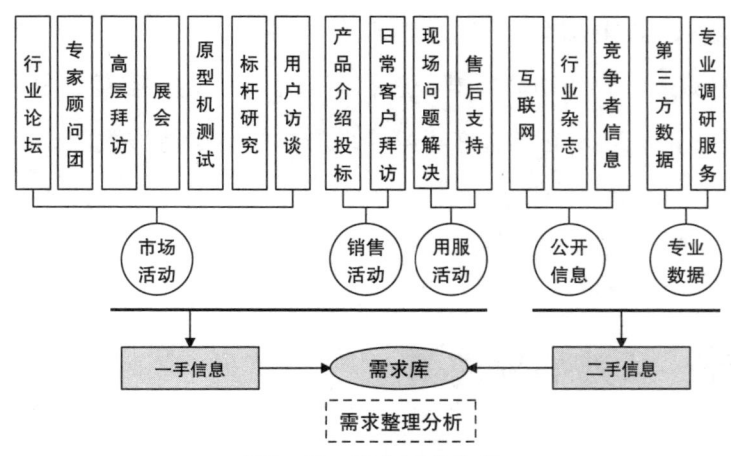

图2-15　客户需求分析

维度3：成功创造需求的关键

亚德里安·斯莱沃斯基在其著作《需求》中罗列了创造客户需求的6大关键分别是：

关键1：魔力。创造无法割舍的情感共鸣：在需求的世界里，根本没有必然可言，你完全可以为顾客提供他们期待且自身不具备的选择。

关键2：麻烦。解决客户没有开口告诉你的困扰：无论在哪个领域，对于尚待实现的潜在需求而言，麻烦都是最先出现的提示线索和最早的闪光信号。

关键3：背景因素。看似无关的因素可能左右产品的成败，成就或摧毁一款产品的力量通常隐藏在你看不见的地方：每一个附加步骤、每一个多余限制、每一个额外部件，都能决定一款产品的成败。

关键4：**激发力**。让"潜在"的需求变为"真正"的需求，人们的购买决定一般受惯性、疑虑、懒惰、习惯和冷漠的影响。

关键5：**45° 精进曲线**。缓慢的改进就等于平庸：以强大的45°角向上攀升，快速与模仿竞争者拉开距离。只有快速迭代，才能将创造需求的赢家与失败者区分开来。

关键6：**去平均化**。一次增加一类客户：抛弃"平均客户的迷思"，破解令他们心动的关键难题，了解他们的购买欲望、方式和心理价格，那么明天客户必然存在于某个地方，随时等待被发现。

看竞争：从外部到内部

每个行业当中都存在竞争，每个企业都有竞争对手。《孙子·谋攻篇》中说："知彼知己，百战不殆。"企业要想在市场竞争中立于不败之地，就要充分了解竞争对手，如图2-16所示。

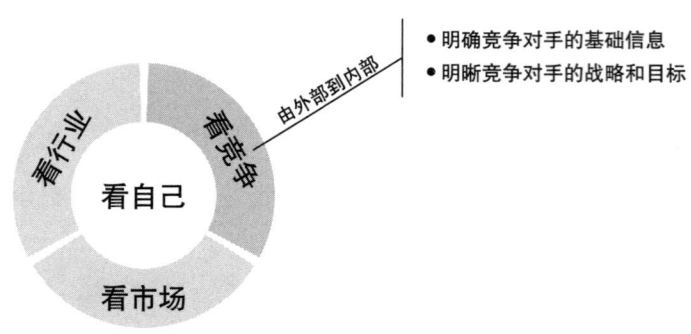

图2-16　看竞争

1. 明确竞争对手的基础信息

竞争对手的基础信息（外部特征），如同手表的表盘一样清晰可见。基础信息包括基本信息，如经营信息、员工人数、销售额、市场份额等，以及人力资源（包括人员的年龄、经验、培训与教育、经营优势与弱点及其他有关信息），如总裁/业主、关键雇员、管理能力等。

2. 明晰竞争对手的战略和目标

竞争对手的战略和目标（内部特征），如同手表内的复杂机械一样获取难度高。它存在于价值链各个环节，包括：竞争者的战略，如关键客户、主要产品或服务、质量、定价、形象、广告主题、促销/公关、供应链等；竞争者的财务目标、市场目标、品牌目标、产品规划目标等；竞争者的重大行动，以及竞争者的竞争策略等。

不管是竞争对手的外部特性还是内部特性，都离不开通过各种方式对竞争对手信息的收集，这是非常重要的基础工作。竞争信息的主要来源包括：年度报告、内部报纸、杂志和微信公众号、竞争产品的文献资料、广告、行业出版物、公司管理者的论文和演讲、销售人员的报告、顾客、供应商、专家意见、证券经纪人的报告、雇用的高级顾问等。

另外，企业还可以用18个情报要素建立竞争对手分析的数据库，即利润、市场占有率和趋势、产品范围、产品质量、新产品上市、顾客和顾客关系、价格和成本、增长策略、金融手段、新材料供应商、产能、伙伴与盟友、控制点和商业模式、组织结构、福利结构和考核、企业文化、收购或投资、存在的问题等。

看自己：从模式到能力

企业在看清行业、市场、客户和竞争对手之后，还要深刻了解自己。有人说，多数企业的失败不是因为对手的强大，而是对自己认识不清。《道德经》中说："知人者智，自知者明。胜人者有力，自胜者强。"

企业只有认清自己的优势和劣势，才能在激烈的市场竞争中占据主导地位。企业看自己主要是看自己的商业模式、经营状况和核心能力，如图2-17所示。

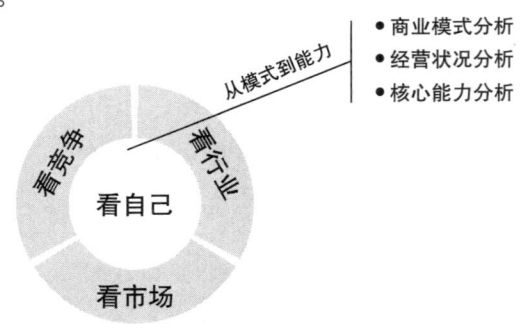

图2-17　看自己

1. 商业模式分析

商业模式是指企业与企业之间、企业的各部门之间、企业与客户之间、企业与渠道之间存在的一些交易关系和连接方式。企业进行商业模式分析能够实现价值创造，获取竞争优势。

亚历山大·奥斯特瓦德等人提出的商业画布能够很好地辅助企业对自己的商业模式进行评估和创新。原来的商业画布一共分为9个部分，我们根据经验又加上了战略控制点，就形成了10个部分的商业画布，如图2-18所示。

⑧ KP重要合作	⑦ KA关键活动	② VP价值主张	④ CR客户关系	① CS客户细分
能顺利运行商业模式的供应者/合作伙伴之间的网络	组织为正确运行商业必须要做的关键活动（业务）	组织解决客户遇到的问题，提供能满足需求的特定价值	客户关系是按客户细分建立和维持的	组织给一个以上的客户细分提供产品或服务
（谁是我们的重要伙伴？谁是我们的重要供应商？我们正在从伙伴那里取哪些核心资源？）	（设计、成本削减、风险控制、可达性、便利性/可用性） ⑥ KR核心资源 组织运行商业最重要的资产 （平台网络、产品开发、人力知识资产、实体资产）	（为什么买你的产品、服务和设备）	（自助服务、自动化服务、社区、共同创作） ③ CR渠道通道 组织提供的价值通过沟通、物流、销售渠道等方式传递给客户 （如何沟通、接触客户细分而传递其价值主张）	（大众市场、利基市场、区域市场、多元化市场、多边平台或多边市场）
⑨ CS成本结构			⑤ RS收入来源	
运营商业模式所发生的所有费用 （固定成本、可变成本、规模经济、范围经济）			组织从客户细分中创造的现金流 （获取收入的方式：资产销售、授权收费、广告收费、租赁收费）	
⑩ SCP战略控制点				
组织从客户细分中超越和超越的中长期竞争优势				
不容易构建也不容易被模仿和超越的中长期竞争优势				

图 2-18 商业画布

2. 经营状况分析

企业看自己的经营状况，就是要分析自己与竞争对手的业绩差距和机会差距。**业绩差距**是指现有经营结果和期望值的差距的一种量化表述。**机会差距**是指现有经营结果和新的业务设计所能带来的经营结果之间的差距的量化评估。

例如，**业绩差距**：我们在2022年上半年减少50％的客户投诉的目标没有达到；**机会差距**：我们正在失去与每年增长15％的外包领域行业相关的业务流程与客户合作的机会。

企业可以利用表2-5进行差距分析。

表2-5　差距分析表

目标：描述业绩差距、机会差距及其根本原因						
差距描述（尽量量化）				差距类别（√）		根本原因
类别	目标	实际	差距	业绩差距	机会差距	
销售额						
客户投诉						
毛利率						
人力资源效率						
产能利用率						
交期						

3. 核心能力分析

在商业画布中涉及对核心资源的分析，而核心资源从某种意义上讲包含能力。在看自己中，我们把核心能力分析作为单独的一个部分再次进行阐述也说明了其重要性。

"核心能力"由美国学者普拉哈拉德和英国学者哈默尔在1990年首

次提出，他们在《哈佛商业评论》所发表的《公司的核心能力》已成为经典文章之一。之后，核心能力理论成为管理理论界被广泛关注的前沿问题之一。核心能力通常具备以下几个特征：

（1）有价值

核心能力是能够给企业带来竞争优势的能力，显然它是能够给企业带来价值的。

（2）独特的

企业核心竞争力是企业独有的竞争力。在同一个行业中，基本上不存在两个企业拥有相同的或相似的核心竞争力。

（3）延展性

企业要想扩展到相关的新的业务领域，就要通过核心能力衍生出一系列新的产品或服务。

（4）难以模仿和不可替代

因为核心能力是企业通过一定时间的积累才能打造出来的，所以其他企业不可能在短时间内模仿和复制，也不能轻而易举地用其他能力替代。

1997年，30岁的曹仁贤开始从商，成立了阳光电源股份有限公司（简称阳光电源）。2010年左右，由于金太阳示范工程和特许权项目推动，再加上高达200%的逆变器利润吸引，国内外做电力电子产品的公司纷纷入局。那时候，阳光电源在国内市场中的份额占了42%。

2012年，阳光电源首屈一指的市场位置开始迎来挑战。这一年，华为数字技术（苏州）有限公司成立（简称华为），业务板块包含逆变器市场。

曹仁贤对于华为的心情是非常复杂的。2017年11月，在阳光电源20周年庆典上，他一口气说了"五个感谢"，最后感谢的就是竞争对手华为。"因为有你们（华为），我们才不敢有丝毫的松懈，正是你们的竞争，才让我们变得如履薄冰，变得更加强大。"

在分析逆变器领域时不难看出，企业之间的真正距离并不是技术，而是横亘于企业之间的品牌知名度、出货业绩、渠道布局（国内外）、成本控制、营销能力和资金实力等方面的竞争壁垒。

华为作为一家全球化公司，技术先进，渠道遍布世界各国，营销能力世界一流，引入智能化、数据化思维并加以概念化，使得业内企业难以企及。

华为凭借核心能力强势入驻逆变器领域，在逆变器市场获得了很多份额，对当时逆变器领域的龙头阳光电源的冲击可想而知。就像很多人所说的华为"如剧毒蜘蛛黑寡妇，所到之处寸草不生"[①]。

通过华为的案例，不难看出，企业通过核心能力的识别，可以探索核心能力扩张给企业带来的机会。企业可以参照表2-6进行核心能力的分析。

表2-6　核心能力分析表

	分类	优势	劣势
资源与能力	财务		
	技术/服务		
	市场地位/声誉		
	产品		
	人员		
	……		

---

① 资料来源：张英英，吴可仲. 华为入局逆变器："所到之处寸草不生" [N]. 中国经营报，2020-04-11.

看机会：先瞄准再开炮

企业在对行业、市场、竞争对手和自己做出细致分析之后，对这几个方面都有了清晰的认识，接下来就要识别和筛选机会点。

1. 机会汇总

机会点可以分为窗口机会点和战略机会点。

所谓的**窗口机会点**是指某个特定的时间段出现的市场机会。例如，小灵通业务。

1996年，中国移动和中国电信分家，分家后移动接手手机通信业务且发展很猛，而电信则因为迟迟没有无线通信牌照而没有出路。就在此时，浙江余杭电信局局长徐福新在日本考察时意外接触到了PHS技术（手持式无线电话系统，后来被称为"小灵通"）。这种技术既能实现无线通信，又不必获得无线通信牌照，更重要的是资费比手机便宜得多。

小灵通刚刚推出，就获得了大量的用户。2002年，小灵通在中国两百多个地市开通，网上用户数超过600万。2004年用户突破4700万，直至2006年小灵通用户达到历史顶峰——9341万。

这个庞大的数字对于靠运营商赚钱的通信设备厂商而言，是一个十分难得的机遇，轻而易举就可以分得一大杯羹。借着小灵通的发展趋势，中兴和斯达康等运营商都在当时挣得盆满钵满。

据说，没有抓住小灵通业务的窗口机会点令任正非先生非常痛苦。甚至有文章说"错失小灵通机遇，任正非抑郁了8年"。或许正是因为这样一件事情，华为公司的战略导向从"不做机会主义者"转变为"不做机会主义者，但不放弃任何机会"。[①]

所谓**战略机会点**就是中长期的重大市场机会。战略机会点通常要求企业**"做时间的朋友"**。

企业需要把前边的四看收集到的机会进行汇总，详见表2-7。

表2-7　潜在机会清单

四看	信息要点	对我们的影响	机会点
看行业			
看市场			
看竞争			
看自己			

2．机会评估

并不是所有的机会都是企业的机会，正如任正非说过的"大机会时代要避免机会主义""不要在非战略机会点上消耗了战略竞争力量"。面对前边识别的各种可能的机会，企业应该按照以下5个步骤进行机会的评估：

步骤1：评估市场吸引力

市场吸引力是一个由市场规模、市场成长率、历史毛利率、竞争强度、技术要求、通货膨胀等多种因素综合作用的结果。要看一个行业的

---

① 资料来源：科技侦探社. 任正非透露华为历史最大危机：放弃小灵通导致营收出现首次亏损[EB/OL]（2019-11-14）[2022-10-09].https://www.sohu.com/a/353687351_415904.

市场吸引力大小，就要分析这个行业市场空间的大小、增长率的高低和利润的高低。一个行业如果市场空间大、增长率高、利润高，那么在这个行业中存在的发展机会就多。

企业应对潜在的机会进行评估，详见表2-8。

表2-8　市场吸引力评估表

机会	市场规模	利润率	市场增速	为什么是机会

步骤2：定义企业竞技场

随着互联网技术的发展，各大传统行业都受到了强烈的冲击。随着网络营销的发展，消费者的行为习惯也发生了改变，行业之间的界限越来越模糊，传统商业模式已难以适应当今变化的商业环境。

2020年，人们减少出行，减少聚集，越来越习惯于网上购物，实体门店受到巨大的冲击，如何实现线上与线下融合是企业亟待解决的关键问题之一。从大环境来看，跨界合作是企业寻求创新的有效途径。已有研究肯定了跨界对企业创新、商业模式具有正向影响，认为跨界创新是有效的，同时提升了企业的创新能力。也就是说企业面对的竞争对手将不是行业内的传统企业，一些跨界（跨行业）而来的企业将是更大的竞争对手。

2021世界5G大会于8月31日正式揭幕。这一年世界5G大会的主题是"5G深耕，共融共生"，这个主题紧扣当前全球移动通信行业的焦点——赋能千行百业。从本次世界5G大会可以看出，跨界融合已经成为5G发展的主旋律，而由创新带来的新技术和新方案将为5G走得更远提供源源不断的动力。"独行快，众行远"，2021世界5G大会的各论坛、展览展示及大会赛事也揭示了这样一个趋势：5G不是通信行业的独角戏，也不是通信行业和设备制造商的双簧戏，而是全社会千行百业共同参与的一台大合唱。

不仅在通信行业，汽车行业也掀起了新一波跨界造车浪潮，与以往造车新势力不同的是这次造车的新股东除了来自互联网行业的企业，还有来自手机、房地产、家电、出行、物流等多个行业的企业。例如，互联网行业的百度、手机行业的小米等。另外，这次跨界造车公司的目标不再是新能源汽车，而是具备自动驾驶功能的智能汽车，而新能源汽车仅仅是一个搭载智能软件的平台。

例如，苹果手机的代工厂富士康与拜腾和南京经开区签署战略合作框架协议。拜腾是在2017年成立的一家造车新势力车企，由于新车一再延迟下线时间，最终导致资金链断裂，于2020年7月被债权人向法院提起破产申请。富士康计划投资2亿美元用于SUV（运动型多用途汽车）研发和生产项目，并将帮助拜腾建立电动汽车生产的供应链，以降低汽车制造成本。

2021年1月11日，百度宣布正式组建一家智能汽车公司，以整车制造商的身份进军汽车行业。百度选择吉利控股集团作为战略合作伙伴，双方于3月2日合资成立集度汽车。

3月30日，小米董事长兼首席执行官（CEO）雷军在发布会上宣布小米正式进军智能电动汽车行业。

4月19日，华为微博宣布要卖车，首款车型"有电加电，无电加油"，纯电模式下可以续航150公里，而油电混合模式可以续航

1000多公里。[①]

这么多企业都跨入汽车制造业，是由于当今新能源板块火热，各大企业在分析竞争趋势之后调整了自己的发展战略。所以，在互联网时代，企业在分析行业内的竞争对手的基础上，要对跨界而来的新进入者进行充分的分析，清晰定义自己在竞技场中的位置。图2-19给出了一个竞技场分析的思路。

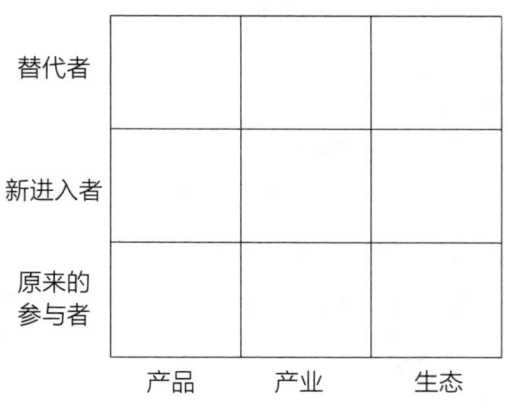

图2-19　竞技场分析

企业应该明确未来在哪个领域进行竞技，同时识别出竞争对手。

步骤3：评估公司竞争地位

企业根据步骤2，结合自身情况进行竞争地位（进入门槛、优势持久时间和竞争激烈程度）的评估（高、中、低）。注意，市场吸引力评价表中的数据一定要尽量精准，而关于竞争地位分析则可用定性的方法进行分析。

步骤4：绘制机会地图

根据市场吸引力和公司竞争地位这两个维度，企业进行机会地图

---

① 资料来源：张翔. 跨界造车热胜算几何？[J]. 经济，2021（9）：122-125.

SPAN（Strategic Positioning Analysis，战略定位分析）的绘制，
如图2-20所示。

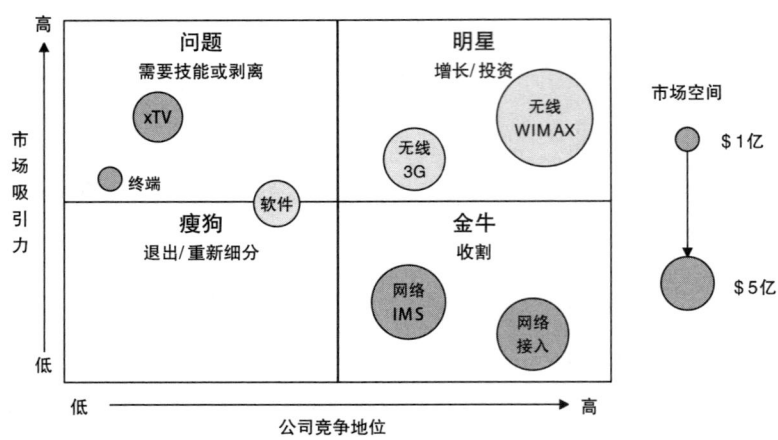

图2-20　机会地图SPAN

步骤5：根据企业使命、愿景、价值观进行评估

虽然，有很多机会具有很高的市场吸引力，同时，企业又有很高的
竞争地位，但是未必一定符合企业自身的使命、愿景、价值观。面对这
样的机会，企业应该认真地评估。

现在华为手机闻名全球，早已成为华为的一张名片，然而，当
初任正非却是最反对华为做手机的人。

原来在3G时代华为错过最佳的入场时间，导致手机部门长达8
年都在亏损，造成了巨大的危机，因此任正非认为华为应该专注通
信设备这个主战场，拒绝其他诱惑。当时在华为内部有一个不成文
的规定："华为永远都不做手机，谁再说谁就下岗。"

2002年国庆假期期间，张利华看到消费者在营业厅排长队，
只为抢购一部能发彩信的手机，而当时松下和诺基亚的手机售价高
达八千多元，如此高昂的价格仍然一机难求。张利华敏锐地发现了

机会，有一次她给华为高层做报告，张利华说："华为的通信设备只能买一次，而且还要和诺基亚、爱立信等巨头企业竞争，我们公司起步晚不敢提价，利润空间很小根本赚不到多少钱。但是消费者一年可能会换好几部手机，中国的手机市场很大，有好几亿的消费者，华为应该尽快开展手机业务，否则会失去这个巨大的市场。"

任正非一听，拍着桌子怒吼："华为永远都不做手机，谁再说谁就下岗。"再后来，2002年年底，任正非决定投资10亿元（几乎是华为当时一年的利润）来做手机。

如今，在汽车领域，华为不断重申"华为不造车，帮助车企造好车"。那么未来，华为会不会成为一家造车的巨头呢？①

还有一个案例，是我们服务过的一家饲料生产企业。这家企业之前专注于奶牛饲料，企业定位是"专注奶牛科技"，使命是"只为一杯好牛奶"。在一次战略规划研讨会中，企业高管团队发现需要开拓羊饲料业务，可是这样一来新的业务板块与原来的企业和使命都出现了冲突。

最后，企业高管团队决定对企业的定位、使命和愿景进行重新界定。现在这家企业的定位是"专注反刍科技"；愿景是"成为世界一流的农牧企业"；使命是"帮助员工实现梦想，帮助行业伙伴不断成长，促进社会和谐富强"。

通过上述案例不难发现，企业选择机会要充分考虑使命、愿景和价值观，当然，企业也可以通过机会反向验证自己的使命、愿景和价值观，这也是战略管理中的"灰度"。

---

① 资料来源：七七侃科技. 任正非：华为不做手机，谁再说谁就下岗！张利华"冒死"进谏[EB/OL]（2021-07-07）[2022-10-19].https://m.sohu.com/a/476077386_121155538/.

案例解析：小米O2O商业模式运作

O2O一词最早由美国一家支付公司的创始人Alex在2010年提出，全称为Online to Offline，意思是指通过互联网技术将线上与线下结合起来的一种全新的电子商务模式。Online to Offline，即线上交易，宣传对接线下体验、购买，通过将线上的宣传、支付购买等来推动线下的体验、消费和经营等。企业实行O2O商业模式运作之后不仅将线上的宣传打响，同时也引流到了线下店铺，进一步吸引了更多消费者来购买各种商品，提升了知名度。Offline to Online，即线下宣传，营销对接线上消费、购买，通过线下的实体店、平台等将客户流量引流至线上，从而进一步打开市场。

1. 小米手机商业模式运作的背景

随着互联网技术的发展和人民生活水平的提高，传统的B2B（企业对企业）、B2C（企业对消费者）及C2C（消费者对消费者）模式已经无法满足电子商务发展的需求。人们越来越习惯于电子商务，并且对产品或服务的要求越来越高，O2O商业模式随之诞生。

20世纪初，智能手机发展迅速，当时市场上智能手机的主要品牌是苹果、三星、HTC等。小米则是在2013年凭借小米2的上市，成功进入大众视野的。小米手机的销售量从2012年的700万台，增长到2013年的1870万台。小米发布2S时采用的互联网运作模式，成功为小米后续的O2O商业模式运作奠定了基础，这是小米手机O2O商业模式运作的一大优势。此后，小米成为国内较早运用O2O商业模式的手机制造商，并以此为基础不断发展壮大。

据相关报道，在2020年经济低迷、国内手机市场萎缩的双重压力下，小米实现了逆势增长，成为第三季度国内唯一销量增长的手机品牌，全年销量增幅也位居国内前列。除了国内市场表现良好外，小米在海外市场也拿下了历史性成绩：根据知名统计机构IDC和Counterpoint的数据，在2020年第三季度，小米正式回归全球前三。

2. 小米O2O商业模式运作SWOT分析

（1）优势

利用社交媒体、互联网社交传播推广产品，打造品牌，提升了小米产品的竞争力，巩固和发展了小米的O2O模式运作。成熟的线上科技与配套完整的线下实体店，使小米的O2O商业模式让同行竞争者在短期内很难达到。

小米利用网络社区，聆听用户心声，提升了用户的忠诚度。小米早期便已建立了网络社区，并有专门的社区管理人员维护社区秩序，研发人员与企业管理人员也参与其中，与消费者进行产品和服务的探讨。小米打造的网络社区让消费者有很强的参与感，使小米的竞争力进一步提升。

打造小米之家门店，延伸产业链，将企业O2O发展到新高度。小米广泛开设线下体验店、专营店，将线上引流到线下实体店，同时给予消费者更多更好的配套服务，不仅提高了消费者的黏性，同时也吸引了一大批潜在消费者，打造出了良好的口碑，提升了小米的品牌知名度。

（2）劣势

小米虽然创建了专属线上小米支付——Mi Pay，但是线上支付的用户活跃度不高，用户评价体系不够完善。对O2O商业模式来说，核心在于在线支付功能，即线上支付。小米的线上支付频率相对于其他的支付平台来说是较少的，这不利于小米的O2O发展。

小米线下门店快速扩张的同时必然会带来线上与线下的衔接、线下服务不能满足消费者需求等问题。门店的快速扩张造成小米有时会出现订单不符、货销信息错误等问题，又或是售后服务不达标，这些势必都会影响到消费者的消费体验，不利于其发展。

（3）机会

互联网技术的发展与移动端的普及使电子商务发展规模日益扩大。凯度消费者指数最新研究报告显示：在2020年第三季度中，就有31%的城市家庭通过O2O模式中的到家配送服务来购买消费品。除此之外，其他领域中O2O的市场销售额也在不断上升，O2O的消费潜力巨大。O2O不仅是线上支付、线下消费，而且可以衍生出各种各样的新商业模式。对于小米来说，O2O发展仍有很大的市场空间。

国家政策的扶持。早在2015年，李克强总理在政府工作报告中就指出，要把以互联网为载体、线上与线下互动的新兴消费搞得红红火火。同时，"互联网＋"被写入政府工作报告更是催生出巨大的市场，制订"互联网＋"行动计划，促进电子商务健康发展，引导互联网企业拓展国际市场，O2O行业便是直接受益者。

（4）威胁

采用O2O商业运作模式的企业越来越多，很多企业针对消费者的需求采取了个性化定制。O2O竞争越来越激烈，如果小米不加大O2O模式的投入，不断创新O2O衍生模式，就有可能被竞争者超越。

有些消费者对O2O模式存在一些偏见，提升了企业推进O2O发展的难度，不利于O2O模式的扩大发展。

基于SWOT分析法，小米的优势、劣势、机会和威胁显而易见。小米可以基于此制定适合未来发展的战略，弥补自己的短板，发挥自己的优势。例如，不断完善线上支付功能，为O2O模式打造核心要素；加速线上与线下的融合，注意线上与线下的衔接等。其他企业也可以按照上述方式，找出自己的优势、劣势、机会和威胁，从而制定符合自身未来发展的战略。

第 3 章
CHAPTER 3

战略设计

企业通过"5看"发现战略机会点和窗口机会点之后，就要进行"3定"，即定控制点、定目标、定策略。企业通过"3定"，最终输出企业的中长期战略规划，具体包括：战略方向、财务预测、客户和市场战略、解决方案战略、技术与平台战略、质量策略、交付策略、成本策略等，如图3-1所示。

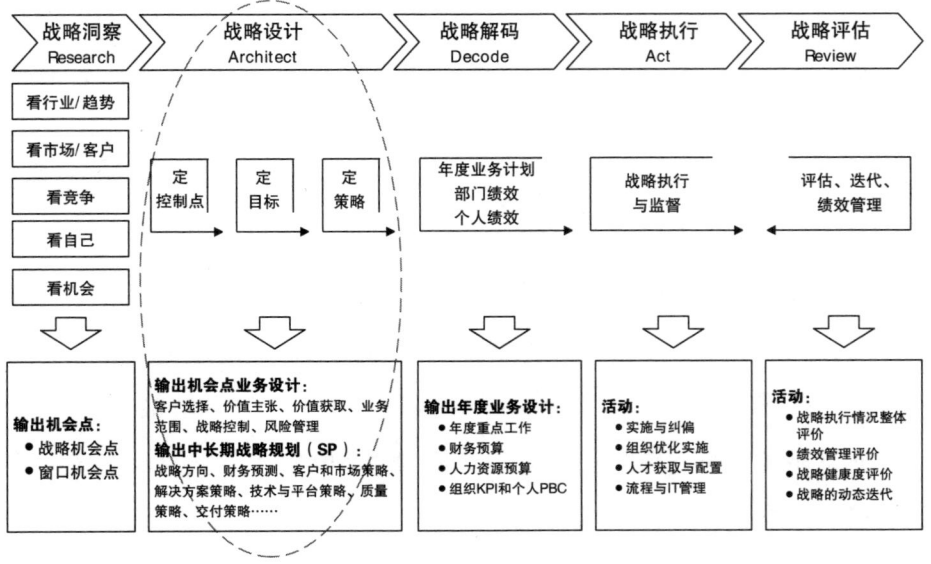

图3-1　RADAR模型

业务设计定战略控制点

战略控制点可以被简单地理解成一种不易构建，但也不易被模仿、不易被超越的中长期的竞争力。定战略控制点的目的之一就是为企业构建护城河，从而推动企业业务持续有效的增长。企业应该为打造更强的战略控制点而创新，而不仅仅是现有业务逻辑的延长。

在实际操作中，我们通常通过业务设计进行战略控制点的思考。业务设计是战略设计的落脚点，业务设计能够帮助企业抓住战略机会点并构建战略控制点。

我们在给企业提供服务的过程中，通常会把业务设计分成两个环节：业务组合确定和业务设计。

1. 业务组合确定

创新理论和创业家理论之父、政治经济学家熊彼特曾在《经济发展理论》一书中对创新做过如下定义："创新不是在同一条曲线里进行渐进性改良，而是从一条曲线变为另一条曲线的新组合。"第二曲线创新模型如图3-2所示。

为了便于区分和理解，我们将前一条曲线称为第一曲线，将新的S曲线称为第二曲线。从第一条曲线到第二条曲线的转换过程往往是非连续性的。熊彼特曾断言：这种非连续性创新才是经济发展的唯一因素。

张瑞敏曾经说过一句话："**企业最大的战略就是寻找第二曲线，即企业新的生路**。"西方管理学大师、被誉为管理哲学之父的查尔斯·汉迪（Charles Handy）在《第二曲线：跨越"S型曲线"的第二次增

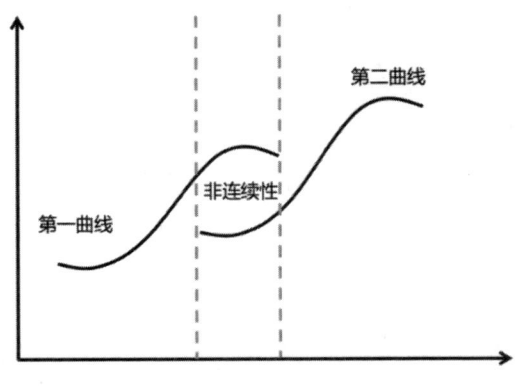

图3-2　第二曲线创新模型

长》一书中提到：任何一条增长的S曲线都会划过抛物线的顶点（极限点），持续增长的秘密是在第一条曲线消失之前，开始一条新的S曲线。此时，时间、资源和动力都足以使新曲线度过它起初的探索、挣扎的过程。

后来，保罗·纽恩斯（Paul Nunes）和提姆·布锐恩（Tim Breene）合著了一本书《跨越S曲线：如何突破业绩增长周期》，在书中两位作者对"基业长青"这个词进行了全新的诠释和解读。他们认为以前将"基业长青"解读为固守主业，将一件事做到极致的观点是站不住脚的。他们对基业长青的定义是企业一次又一次地跨越第二条曲线，如图3-3所示。

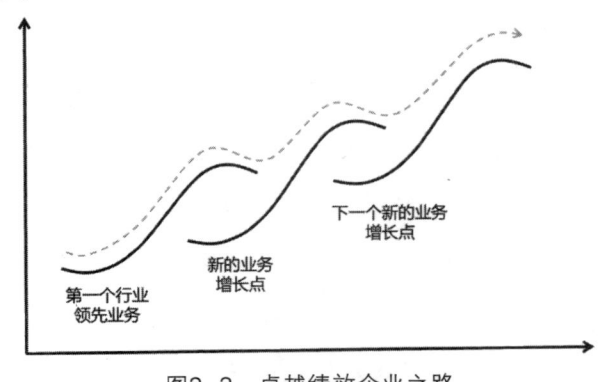

图3-3　卓越绩效企业之路

纽恩斯和布锐恩把"基业长青"的企业称为"卓越绩效企业"，并指出企业卓越绩效之路就是**"不断攀登和跨越S曲线"**。在第一个行业领先业务步入"极限点"之前，这家企业便提前启动新的业务增长点；在第二个业务步入"极限点"之前，它又启动了下一个新的业务增长点。如此往复，生生不息。

从图3-2和图3-3，以及汉迪、张瑞敏、纽恩斯和布锐恩等人的论述能够看出，企业创新过程中包含三个核心关键：**一是企业如何使自己快速来到现有曲线的顶点；二是如何在到达顶点之前启动"第二曲线"；三是如何不断地探索并布局"第三曲线"**，如图3-4所示。

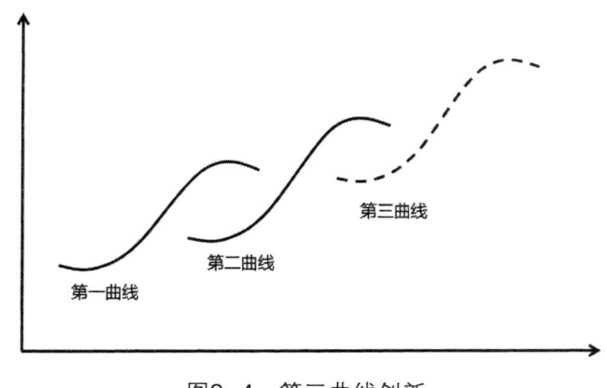

图3-4 第三曲线创新

2020年10月24日，《中国白酒轻奢消费趋势白皮书》暨泸州老窖全新战略品牌上市发布会在上海中心大厦成功举办。在发布会上，泸州老窖全新战略品牌"高光"也正式揭开神秘面纱。

在发布会上，泸州老窖股份有限公司党委书记、董事长刘淼引用汉迪的"第二曲线"理论，将"高光"定位为泸州老窖的"第三曲线"："结合泸州老窖的发展历史，我们会发现泸州老窖特曲就是我们发展的第一曲线，2001年横空出世的国窖1573则是我们发展的第二曲线，而今天发布的'高光'品牌将会是泸州老窖的第三曲线。"

　　刘淼进一步说道："不少企业在现有的成长曲线明显下滑时，才会意识到问题的存在，再去另辟新的成长曲线。其实这个时候往往大势已去，为时已晚。正确的时机，是在第一条曲线还处在上升阶段的时候，就开始启动第二曲线。"

　　从历史经验来看，泸州老窖在20年前推出了国窖1573，一举改变了中国超高端白酒的市场格局。瞄准80后、90后的"新奢族"，定位中国白酒行业首款新轻奢主义白酒，以"新轻奢主义白酒"定义者身份去引领中国白酒发展新方向的"高光"是否能够迎来属于自己的高光时刻，让我们拭目以待。①

　　麦肯锡资深顾问梅尔达德·巴格海、斯蒂芬·科利与戴维·怀特通过对世界上不同行业的40个处于高速增长的公司进行研究，在《增长炼金术：企业启动和持续增长之秘诀》中提出：所有不断保持增长的大公司的共同特点是保持三层面业务的平衡发展，见表3-1。

表3-1　三层面业务一览表

层面	核心业务（碗里的）	增长业务（锅里的）	种子业务（田里的）
定义	收入与利润的主要来源	市场增长和扩张机会的来源	产品/业务创新的组合，未来长期增长的机会点
重点指标	**近期的利润表现与现金流** 利润率（收入/支出） ROIC（资本回报率） 生产效率	**收入增长和投资回报** 收入增长 新客户/关键客户获取 市场份额增长 预期收益，净现值	**回报的多少和成功的可能性** 项目进展关键里程碑 机会点的数量和回报评估 从创意到商用的成功概率

在谷歌前CEO埃里克·施密特等所著的《重新定义公司》这本

---

　　① 资料来源：科技快点爆. 泸州老窖紧抓白酒轻奢消费趋势，发布全新战略新品"高光"[EB/OL]（2020-10-26）[2022-11-29].https://baijiahao.baidu.com/s?id=1681585062876865577.

书中，提到了谷歌在进行项目的投资方面采用的是"721原则"，这个原则非常好地吻合了麦肯锡的三层面结构分析法。

经过分析和研读，谷歌的高层管理者发现在他们投资的所有业务中，大约70%的项目涉及核心业务，大约20%的项目涉及一批初步成功的新兴业务，另外10%的项目是一批全新的业务。这部分产品虽然失败的风险很高，但一旦成功，回报也会是惊人的。由此，谷歌将70/20/10作为后期投资项目的资源配置原则，即将70%的资源配置给核心业务，20%的资源分配给新兴业务，剩下的10%投在全新业务上。

按照麦肯锡三层面理论，谷歌的这个分配原则，就能保证核心业务（**"碗里"的业务**）获得大部分的资源，蓬勃发展中的新兴业务（**"锅里"的业务**）也可享受一定的投资。与此同时，异想天开的疯狂构想（**"田里"的业务**）也能得到一定的支持，以防止成为不可避免的预算削减的牺牲品。当有了这个原则后，谷歌在投资项目的时候，才会有源源不断的后继发展的动力了。

总之，任何一个企业都要根据机会点厘清自己的业务组合，清楚哪些业务是核心业务、哪些业务是增长业务、哪些业务是种子业务，对不同的业务，企业配置的资源是不同的。**业务组合的确定，是企业最基本的战略决策之一。**

2. 业务设计

业务设计包括客户选择、价值主张、价值获取、业务范围、战略控制点等，如图3-5所示。

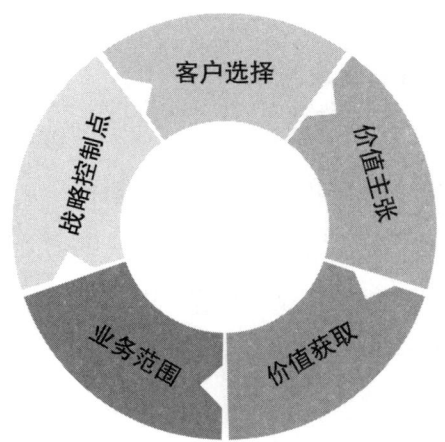

图3-5　业务设计示意图

（1）客户选择

企业在做业务设计的时候，首先要清楚自己的客户选择。企业要明晰谁是客户，谁不是客户，和什么公司合作，它所处的行业地位怎样。企业知道了自己的客户是谁，才能够挖掘客户的需求。企业知道自己和什么样的公司合作，生产什么样的产品或提供什么样的服务，才能满足客户的需求。

客户选择可以参考以下三个维度：

维度1：从终局看客户选择

我们建议企业做时间的朋友，**从终局思考布局，以未来推导现在**。这是一个站在"后天"看"明天"的思考过程。

多年以前，我们曾经服务过一家手机配套企业。这家企业的客户是华为、小米、乐视和金立，日子过得也算滋润。当我们提出把时间延长到2025年甚至2030年，再去看会有哪些手机品牌依然活跃时，这家企业列出了一个清单，猛然发现自己的客户结构并不是很好。于是，这家企业明确了新的打法，一定要对某些手机品牌进行突破，并做出1～2年内要进入OPPO、vivo、三星、苹果等手机品牌合格供应商名录的战略性决定。

维度2：从客户分级和客户分类看客户选择

客户分级可以是国际巨头、国内巨头，或者是头部、腰部、腿部等。另外，有一类客户我们定义成**鲶鱼类客户**，这类客户又被称为"行业变革者"。这类客户可能规模并不是特别大，但是他们愿意创新，一直努力想成为行业的变革者，引领行业市场发展趋势，改变原有的传统格局。

维度3：基于业务生命周期来看客户选择

企业业务发展的不同阶段利润模式不同，核心竞争力、目标和竞争策略也不同，因此客户选择也不同。企业在发展的初级阶段应该选择天使客户，在发展阶段应该选择战略客户，在成熟阶段应该选择大众客户，具体如图3-6所示。

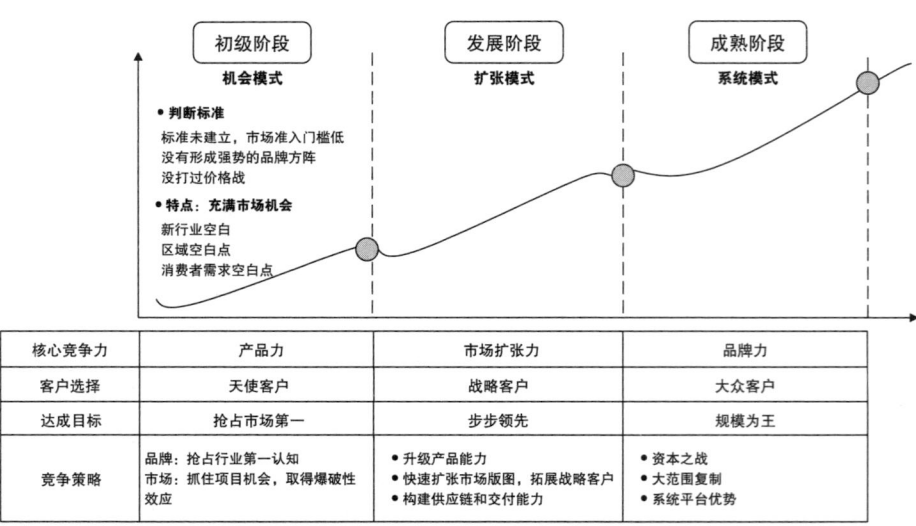

图3-6　企业业务不同发展阶段的客户选择

天使客户是指愿意试用产品或服务的客户，因为产品或服务能解决他们亟须解决的问题，同时他们也具有购买能力和推广热情。

战略客户也叫重点客户或主要客户，是指对企业长期发展至关重要、对全局起决定性作用的客户。

大众客户顾名思义，是指广大的客户，几乎没有什么限制。

（2）价值主张

价值主张是指站在客户角度思考企业为客户提供的能为其创造价值的产品和服务是什么。价值主张是客户选择一家企业而放弃其他企业的原因，它解决了客户的问题或满足其需求。简单地说，价值主张回答了一个问题即"客户为什么选择我"。表3-2列出了可供参考的10种价值主张。

表3-2 企业的10种价值主张

序号	价值主张	描述
1	价格	在同质化的产品竞争中，以低于竞争对手的价格提供产品或服务，来满足对性价比、价格敏感的客户的需求
2	品质	对产品和服务的更高要求，有更好的性价比、质量和可靠性
3	技术	更高的技术、研发、设计水平
4	新颖性	技术上的功能，突破外形设计上的初心，以满足用户全新的感受和体验
5	体验	通过知觉、行为和情感，用户除了获得产品的物理功能外，还有美好的体会与感受
6	品牌	一个企业的形象及其产品、服务、文化价值的综合体现，反映了用户对它的认知和信任，彰显用户的身份地位或者圈层特征
7	性价比	用户不仅希望产品价格低，还希望产品性能好
8	便利化	将产品变得更方便或易于使用，从而创造价值
9	服务	增加服务或者让客户感觉服务更优更好
10	一体化	包含产品、服务在内的多个维度，给用户提供价值

（3）价值获取

价值获取是指企业通过正确的机制，使有吸引力的价值定位产生利润。它要解决的是企业在何处盈利、如何创新性地盈利的问题。因此，企业价值获取也就是指企业的利润模式。企业的业务设计一定要考虑清楚自己的利润模式，这就需要考虑以下几个问题：如何赚钱？例如，靠销售产品、靠获取用户还是专门许可证等。利润机制是什么？例如，性价比和把握客户需求等。

亚德里安·斯莱沃斯基等人出版的《发现利润区2：利润模式》一书中归纳出企业获取利润的30种模式，共分为7种类型：巨型模式、价值链模式、客户模式、渠道模式、产品模式、知识模式和组织模式。企业在进行业务设计的时候，可以参考这 30 种模式，见表3-3。

表3-3　企业获取利润的30种模式

序号	类型	模式	简要描述
1	巨型模式	无利润	完全缺乏战略想象力而把利润赶跑
		利润复归	企业设计创新的反击
		趋同	边界被推倒，竞争规则发生变化
		中间陷落	产品和信息服务都从平均转移到两级
		行业标准	客户塑造兼容；一些人兼容就能创造高价值
		技术改变格局	象棋棋盘移动，权力转手他人
2	价值链模式	价值链分拆	集中战胜一体化
		价值链压缩	跳出"钳子的攻势"
		价值链修补	变革那些阻碍你创造价值的业绩较差的上下游企业
		价值链重新整合	重新整合价值链，捕捉系统中的盈利点

续表

序号	类型	模式	简要描述
3	客户模式	利润转移	所有客户都有利可图，现在大部分客户都没有利润
		微型分割	从相同到不同，再到独一无二
		权力转移	优势会来回交替
		重新定位	你希望自己的客户是什么样子
4	渠道模式	渠道倍增	从少到多
		渠道集中	从多到少
		渠道压缩	多余环节消失
		中间商再生	在分销系统中创造新的增值服务环节
5	产品模式	从产品到品牌	从无形到有形
		从产品到拳头产品	从多个产品到几个产品
		从产品到利润倍增	在资产上盈利7次
		从产品到产品金字塔	创立一个多层次产品体系
		从产品到解决方案	改进系统的经济性
6	知识模式	从产品到客户知识	产品业务教给我们许多关于客户的知识
		从经营到知识	从资产到精髓
		从知识到产品	专业知识具体化
7	组织模式	技能转移	昨天的资源优势变成了今天的成本负担
		网络	与外界的接触最大化：客户、投资者和盈利可靠性
		基石建设	从强项开始，加强，再加强
		数字化企业设计	巨大模式的秩序

（4）业务范围

全产业链企业很少，大多数企业是产业链上的一环。所以，企业要考虑自己的业务范围有多大，核心业务是什么，自己能做哪些业务，哪些业务需要外包或者寻找合作合伙。因此，产业链上的企业要考虑好以

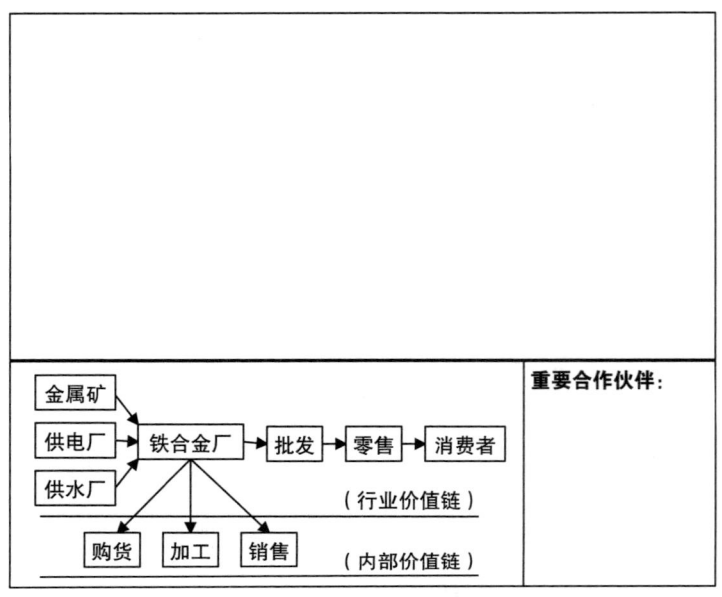

图3-7　企业价值链

下问题：业务范围是什么？价值链上何种行为是自己的核心业务？自己
能外包什么业务？谁是自己的关键合作伙伴？

　　企业可以借助图3-7所示的企业价值链进行活动范围的思考，并识
别重要的合作伙伴。

（5）战略控制点

　　为了实现利润增长，企业在进行业务设计时必须寻找和培育行业内
的战略控制点。战略控制点的目的是保护企业的利润，也就是企业利润
的护城河。亚德里安·斯莱沃斯基指出，没有战略控制点的业务设计就
像一艘舱底带洞的船，会很快沉没。战略控制是指查看企业的基本战略
是否很好地与其机会相匹配。

　　战略控制一直是企业战略的重要组成部分，今天它已经成为最关键
的部分。在过去几十年中，客户实力迅速增强，这使战略控制成为企业
优先考虑的事项。不同行业有不同类型的战略控制点，因此构建战略控

制体系的首要任务是确认相关的控制点级数。表3-4列出了不同级数的战略控制点。

表3-4 战略控制点的不同级数及代表企业

指数	战略控制点	代表企业
10	拥有标准	高通、ARM
9	控制价值链	苹果、华为
8	绝对市场份额	微信
7	专利组合、版权	华为、爱立信
6	客户关系	华为、IBM
5	品牌	华为、联合利华
4	分销或者渠道能力	分众传媒、扬子江药业
3	技术或研发领先X年	村田、英特尔
2	功能、性能领先	戴森、格力
1	整体成本优势	富士康、西南航空

每个好的企业设计至少包含一个战略控制点。最好的企业设计包含两个或更多的战略控制点。例如，英特尔公司的战略控制点有3个：产品开发要领先同行业内其他企业两年时间、自身的价值链控制和品牌。华为公司具备客户关系、专利和品牌等3个以上的战略控制点。

因此，企业要实现可持续的价值增长，创造战略控制点是至关重要的。

根据我们对华为的研究，认为华为不同时期的业务设计是不一样的。以下是我们理解的华为三个阶段的业务设计：

（1）华为起步阶段的战略（1988—1995年）：服务为王

战略意图：三分天下。

客户选择：农村、县城（差异化，避开竞争，选择与自身能力匹配的客户）。

价值主张：适合农网的产品特性——电压不稳定、防打雷。

服务：态度和反应快、好，免费。

价值获取：客户关系、硬件设备。

战略控制点：贴近客户的服务网络。

战略执行：创始人的奋力牵引及创业文化、垫子文化；胜则举杯相庆，败则拼死相救；以客户为中心。机会牵引人才，人才牵引产品，产品牵引客户，客户牵引机会。

（2）华为发展阶段的战略复盘（1993—2009年）：技术为王

战略意图：全球行业领导者。

客户选择：海外/中东，持久战；国内继续在移动通信上想办法，不放弃（边际网）。

价值主张：创新的分布式基站，解决客户机房空间不够的问题。解决方案，从产品到土建工程。

价值获取："跑马圈地"，先亏再赚。

战略控制点：技术创新，工程能力，低成本优势，质量好，快速响应客户需求。

（3）华为新时期的战略复盘（2011年开始）：战略为王

战略意图（新愿景）：实现数字化，构筑万物互联的智能世界。

客户选择：电信运营商、行业/企业、消费者（ICT领域/数学/逻辑，不进物理/化学）。

价值主张：老产业，创新、扩大产业空间；新产业，为行业及客户提供创新的价值。

价值获取：老产业，精细化运营。终端/企业网/云：控制节奏、稳扎稳打；不急功近利；紧盯对手、快速学习并微创新。

战略控制点：客户关系/客户理解；基于自身平台积累的技术创新，不断构筑新的战略控制点：专利、芯片、操作系统、数据库……

综上所述，业务设计要素之间有着严密的逻辑：我们选择什么客户（客户选择）——客户为何选择我（价值主张）——我们的收入和利润是什么（价值获取）——因此，我们的关键活动是什么（关键活动）——我们如何能够持续地获取价值（战略控制点）。

我们通常建议企业对现有业务设计和期望业务设计进行对比，然后识别出可能挑战，见表3-5。

表3-5 业务设计对比表

	原有设计	期望设计	可能的挑战
客户选择			
价值主张			
价值获取			
活动范围			
战略控制点			

明确意图定目标

基于机会点，企业进行了业务设计，找到了战略控制点，但是往往很多人会望而却步，甚至开始怀疑人生。

因此，任何行业、任何企业都不缺机会，缺的是**牛人思维和雄心壮**

志。有调查显示，过去20年中达到世界顶尖地位的公司，最初都具有与其资源和能力极其不相称的雄心壮志。我们将这一令人着迷的事物定义为**"战略意图"**。

2012年12月，余承东在微博上发言：自从负责华为消费者业务后，我们做了几个大调整：（1）从ODM①白牌运营商定制，向OEM②华为自有品牌转型；（2）从低端向中高端智能终端提升；（3）放弃销量很大但并不赚钱的超低端功能手机；（4）启用华为海思四核处理器和Balong芯片；（5）开启华为电商之路；（6）启动用户体验EmotionUl设计；（7）确立"硬件世界第一"之目标！

2018年11月，余承东又在微博上发言："一个同事发给我一张六年前我发微博的截图。思绪一下把我带回到六年前，我接手华为消费者业务不久的那个夜晚，我近乎以悲壮与绝望的心情呐喊！那时候华为终端还很弱小也不赚钱，没有人看得起我们，因此也不担心发这些东西会泄密。来自内外的，各种不断地批评与挑战，内心近乎绝望的压力、痛苦与坚持！

"昨天一整个下午的时间，我代表CBG（消费者业务集团）在集团董事会上，做了华为消费者业务未来五年的战略规划报告。从困难中走出来，不应忘记曾经的痛苦与挣扎。面向未来全场景智慧化体验时代的来临，我们更应该把握好未来的前进方向，以强大的执行力，加快构筑强大核心能力，不断挑战，不断进取，去赢得更加美好的未来！！"③

---

① ODM（Original Design Manufacturer）意为"原始设计制造商"。
② OEM（Original Equipment Manufacturer）意为"原始设备生产商"。
③ 资料来源：余承东. 微博[EB/OL].https://weibo.com/hwrichardyu?c=spr_qdhz_bd_360ss_weibo_mr.

企业在设定目标时，先要考虑未来3～5年后会达到怎样的一个基本面和景象，或者也可以定义成本战略周期的**"愿景"**。我们把这一类目标定义成"定性型"或者"愿景型"目标。

随着这一类目标的不断清晰，企业会清晰自己在未来3～5年的定位，而**定位会决定地位**，我们不能因为贫穷而限制了对未来的想象力。

另一类目标，我们称之为"定量型"目标。定量目标的设计要**"大胆假设，小心求证"**，或者通俗地说**"有逻辑地吹牛"**。

人类在过去五十年来一直通过火箭发射将诸如科研设备、卫星，甚至生物（比如宇航员）送入太空轨道。据说，美国国家航空航天局（NASA）发射成本在19800美元/千克左右，因此这些发射任务所耗费的巨额成本通常也只有政府才能负担得起。

然而，SpaceX公司推出星舰LEO项目，直接把发射成本降到了40美元/千克，这是绝对的"白菜价"。但是40美元/千克的发射成本并不是这家公司的终极追求，其目标是要把发射成本降到10～20美元/千克。这种运输成本也将使得火星移民成为现实。

因此，战略的**一半是机会和逻辑，另一半是决心**。明确意图定目标需要英雄主义，也需要乐观主义。英雄主义就是让打胜仗的思想成为一种信仰；乐观主义就是客观务实的乐观。

战略目标涵盖产品、服务、市场、客户、技术及时机等。战略目标不仅要包括业绩类目标，如销售收入、利润率、应收账款、资金周转率等，还要包括非业绩类目标，如行业竞争力、头部客户占比等。

我们曾经服务过一家供应链管理公司，它的战略定位是，成为全国领先的供应链解决方案提供商，并制定如下战略目标：

· 财务目标：五年销售收入复合增长率30%，五年后销售收入达到15亿元，税前利润率不低于15%。

· 行业目标：化妆品行业市场份额第一。

· 客户目标：成为主流客户首选供应商，与现有行业前十名客户建立合作关系，与其中的50%建成战略合作伙伴。

· 运营目标：销售及管理费用每年降0.1个百分点，销售毛收入不下降，流程成熟度每年提升0.2，最终达到3.6，人均效率提升10%。

制定目标后，企业也要考虑战略目标实现的节奏，我们称为**"近期目标"**。近期目标可以理解成年度经营的目标，是战略目标实现的年度里程碑。年度经营目标需更加具体和量化，同时，年度经营目标也是预算的关键输入。企业可以借鉴表3-6进行近期目标的规划。

表3-6　年度经营目标统计表

年度 项目	2022	2023	2024	2025	2026
销售收入					
利润率					
市场份额					
消费费用占比					
管理成熟度					
……					

最后我们需要强调的是：**目标设定的首要任务不在于多么精确，其重点在于驱动行为；原来业务的延长线不等于战略，战略是基于机会、目标倒逼能力。**

创新聚焦定策略

当目标明确、路径（里程碑）明确后，企业就要思考实现目标的策略。根据我们的经验，企业需要考虑的策略包括但不限于：客户与市场策略、品牌策略、市场拓展的营销策略、经销商策略、渠道策略、产品与解决方案策略、技术与平台策略、未来三年产品规划、供应链策略、交付策略、服务策略、定价策略、成本削减策略、质量策略、合作策略、竞争策略、组织策略、人才策略、企业文化策略等。表3-7和表3-8是不同企业的策略清单。

表3-7　H公司的策略清单

分类	描述	责任人	里程碑	验收标准
客户选择	重点突破五大国的非大T网络和大批的小国网络	×××	×××	×××
产品策略	成立区域MKT组织，将产品规划前置，快速响应欧洲客户的需求	×××	×××	×××
竞争策略	限制Z在欧洲的发展。除A和N外，替换M、AT和L的欧洲网络	×××	×××	×××
解决方案策略	构建本地交钥匙工程的能力，提供交钥匙解决方案	×××	×××	×××
交付策略	提供2G&3G整体搬迁解决方案，2G设备免费	×××	×××	×××
代维策略	探索欧洲代维服务试点，代维服务的销售	×××	×××	×××
组织策略	积极招聘本地高端员工管制机构和运营商，构建良好的生态环境和营商环境	×××	×××	×××

表3-8　W公司的策略清单

分类	描述	责任人	里程碑	验收标准
战略	销售5年突破220亿元；其中，国内市场150亿元；市场份额25%，实现行业绝对领先；利润率12%～14%；海外市场70亿元；份额13%；海外头部客户×个……	×××	×××	×××
质量	全面推行导入六西格玛，质量合格率突破4.5个西格玛	×××	×××	×××
销售	借鉴LTC（从线索到现金），建立全球领先的顾问式销售团队	×××	×××	×××
品牌	打造国内外市场认可的中高端品牌	×××	×××	×××
供应链	建立全球行业标杆智慧供应链，综合采购成本降低20%，赋能A级供应商	×××	×××	×××
研发	把专利领先、成本领先、品质领先作为战略控制点，规划"碗里"＋"锅里"＋"田里"三代产品体系	×××	×××	×××
竞争	努力促使日系竞争对手像放弃Y产品一样尽早放弃A产品	×××	×××	×××

　　根据市场洞察、战略设计，公司就可以起草3～5年战略规划了，附录1提供了一份某公司3～5年战略规划的简单模板。

案例解析：安踏的战略设计

　　2022年3月22日，安踏体育（02020.HK）发布2021年年报，报告期内，营业收入实现连续八年增长，同比增长38.9%达至493.3亿元，逼近500亿元关口；经营溢利（营业利润）涨20.1%至109.9亿元，首次突破100亿元大关；营收规模连续十年保持中国体育用品企业第一的同时，在国内市场不仅轻松超越阿迪达斯，与耐克也仅一步之遥。

对比耐克、阿迪达斯中国全资公司的同期收入，安踏集团营收约等于阿迪达斯中国的1.44倍，耐克中国的97%。在逐渐拉开与阿迪达斯的距离后，按照目前的收入增速，或在2022年完成对耐克中国的超越。

安踏能够取得如此骄人的成绩，这和它的战略设计是分不开的。综合来看，安踏"单聚焦、多品牌、全渠道"战略是其保持持续增长的奥秘。

1. 单聚焦：培养核心竞争力

在安踏自我定位中，是一家"聚焦体育用品的多品牌公司"。因此，聚焦运动始终是安踏整体战略的核心，也是其作为国内体育用品行业龙头的立身之本。

首先，在安踏集团内部，虽然不同子品牌、不同产品线面对着不同消费层级、不同需求、不同专业方向的全渠道消费者。但整个安踏集团作为一个整体，始终保有统一的品牌形象和战略目标，以为消费者提供"价值"为重要的努力维度。

其次，这种对运动本身的聚焦和坚持，也使得一个成熟的品牌能够在根据潮流不断调整其经营策略的同时，始终保有自身不可动摇的那一块阵地，在流行转向或者一旦行业危机到来时，有着更强的抗风险能力。

再次，安踏的"单聚焦"战略可以更有效率地调动人员、资金、技术等各层面的优势资源，发挥其整体管理和资源调配能力，达成持续为消费者提供专业化、高价值感、国际化的商品，进而实现提升品牌整体竞争力的目标。

纵观国内运动鞋服市场，安踏运动龙头韧性凸显，盈利能力持续改善。安踏自2015年收入突破100亿元以来，经历6年时间增长到接近500亿元规模，6年来收入年复合增长率达到28.17%，增速领先行业。

2. 多品牌：提升抗风险能力

2021年，安踏（ANTA）与斐乐（FILA）两大主力品牌收入均站上200亿级别，放眼全球体育用品行业，同时拥有两个收入30亿美元以上品牌的，只有安踏集团和威富集团。具体来看，安踏与斐乐仍是两大增长引擎。安踏收入同比增长52.5%至240.1亿元；斐乐收入同比增长25.1%至218.2亿元，其他品牌收入同比上升51.1%到34.9亿元。

有分析认为，目前，安踏集团打造的以安踏为核心的新国货大众运动曲线、以斐乐为核心的高品质、高成长曲线已经基本完成。安踏品牌在集团内部收入占比接近一半，其增长趋势对安踏集团业务具有重要意义，而斐乐作为安踏集团多品牌运作的初次成功实践，正式打开了安踏体育多品牌集团化的发展之路。此外，斐乐作为高端运动品牌，通过更高的销售价格和更广的高端消费人群带动整体收入增加；同时依靠强大的品牌力和直营渠道网络，斐乐品牌相较于主品牌安踏拥有更高的毛利率，从而为安踏集团盈利能力的提升做出贡献。

回溯历史，安踏在2009年完成对斐乐中国区业务的收购之后，到2014年让这个此前在百丽手中巨额亏损的品牌扭亏为盈，并在2015年到2016年，成功将斐乐打造成为集团营收高速增长的重要引擎，并且将高速增长保持到了今天。

安踏的"多品牌"策略的成功之处主要在于：其具备可复制的能力，同时也让集团的营收结构更加稳健，抵御风险的能力大大增强。

3. 全渠道：线下+线上吸引消费者

近年来，安踏集团不断发力网络营销，尤其是疫情后在数字化方面的投入持续增加。如围绕会员价值、官网、精准人群运营及公域引流等方面的加速布局，为消费者提供了更便捷的线上体验。有数据显示，安踏集团2021年电商业务收入同比增长50%，收入贡献占比达29%。2021年"双十一"，安踏集团旗下品牌总成交额超46.5亿元，同比增长61%，在天猫平台总成交额首次位居行业第一。

在渠道建设方面，除了天猫、京东、唯品会等主流电商渠道完成全覆盖之外，安踏已经构建了自己的官方电商渠道，并通过公司的大数据系统形成了覆盖超过数亿人的消费者数据资产。在2022年的疫情期间，安踏的线上销售系统显示了非常强大的精准营销能力。例如，安踏推出的基于微信端的零售小程序，率先打通全员线上零售的"微商"渠道，完成疫情下特殊时期的渠道调整。这种模式不但在线下门店因疫情关闭时，为广大消费者提供了安全方便的购买渠道，更进一步打通了品牌与消费者之间的无形通道，取得了不错的品牌效果与市场效果。

在推进物流和供应链体系智能化升级的过程中，安踏还上线了供应链数字化平台、区域仓及云仓的零售物流网络，并成功实现在全国的布局。在服务消费者和提升消费体验方面，其货品平均周转时间加快了15天以上，单件物流成本降低超过15%，基本实现了管理决策数字化、供应链体系数字化和零售体系数字化。

值得称道的是，作为安踏数字化布局的重要组成部分，直面消费者战略在安踏零售终端持续推进，安踏已建立了完整的零售业务流程及各项运营标准，以快速响应消费者的需求，并实现了从一线到二三线城市购物中心门店收入的大幅提升。安踏门店直面消费者占比已接近70%，店效提升超过25%。

第 4 章

CHAPTER 4

战略解码

在整个RADAR模型中，战略解码发挥着"承前启后"的作用，它是战略从规划到执行的桥梁，如图4-1所示。

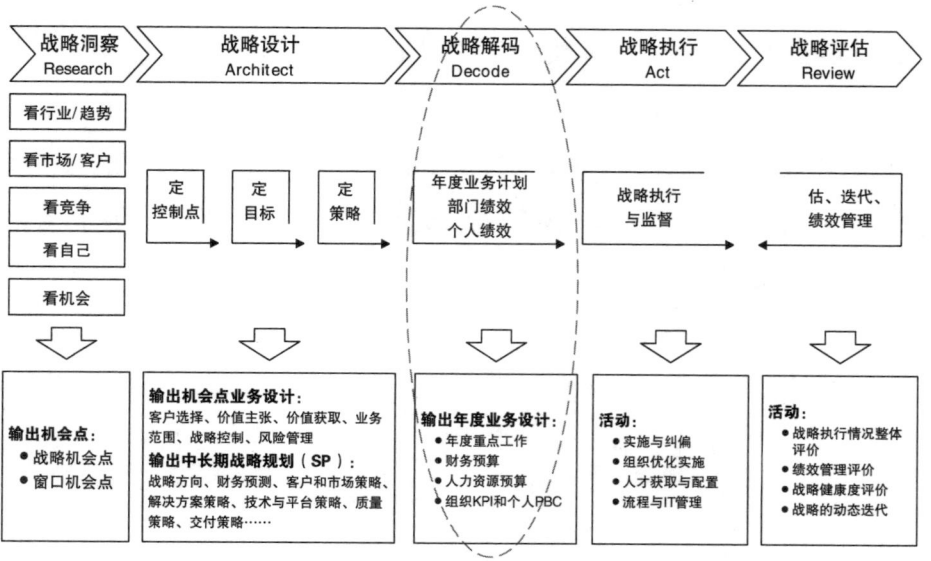

图4-1　RADAR模型

战略解码是指将战略目标和举措转化为各级部门和员工的统一共识和行动指南。任正非在2013年新年致辞中说："如果我们能够坚持'力出一孔，利出一孔'，下一个倒下的就不会是华为；如果我们放弃了'力出一孔，利出一孔'的原则，下一个倒下的有可能就是华为。"[1]

战略解码就是让企业**"上下对齐，左右拉通"**，让企业各级部门和员工能够围绕战略的实现，形成最大合力。

在战略规划到执行的RADAR模型中有两次解码，第一次是"从战略规划（SP）到年度计划（BP）"，也就是依据3～5年战略规划，确定第一年度的战略方向、明确第一年度战略目标、规划第一年度重点举措（有些企业称为"硬仗"或者"重点突破项"）并确定企业KPI（关键绩效指标）。同时，还要进行相应的财务预算和人力资源预算。第二次是"从年度计划到部门和个人"，也就是将企业的战略规划向其所属的部门和基层岗位进行解码并制定相应的个人PBC（Personal Business Contract，个人绩效合约），如图4-2所示。

我们重点讲解如何确定第一年度的战略方向，明确第一年度战略目标，规划第一年度重点举措（有些企业称为"硬仗"或者"重点突破项"）并确定企业KPI，以及解码到部门和个人，对于财务预算和人力资源预算不做阐述。

---

① 明珠企业家班. 华为：力出一孔，利出一孔[EB/OL]（2020-08-29）[2022-10-29].https://weibo.com/ttarticle/p/show?id=2309404543394314846817.

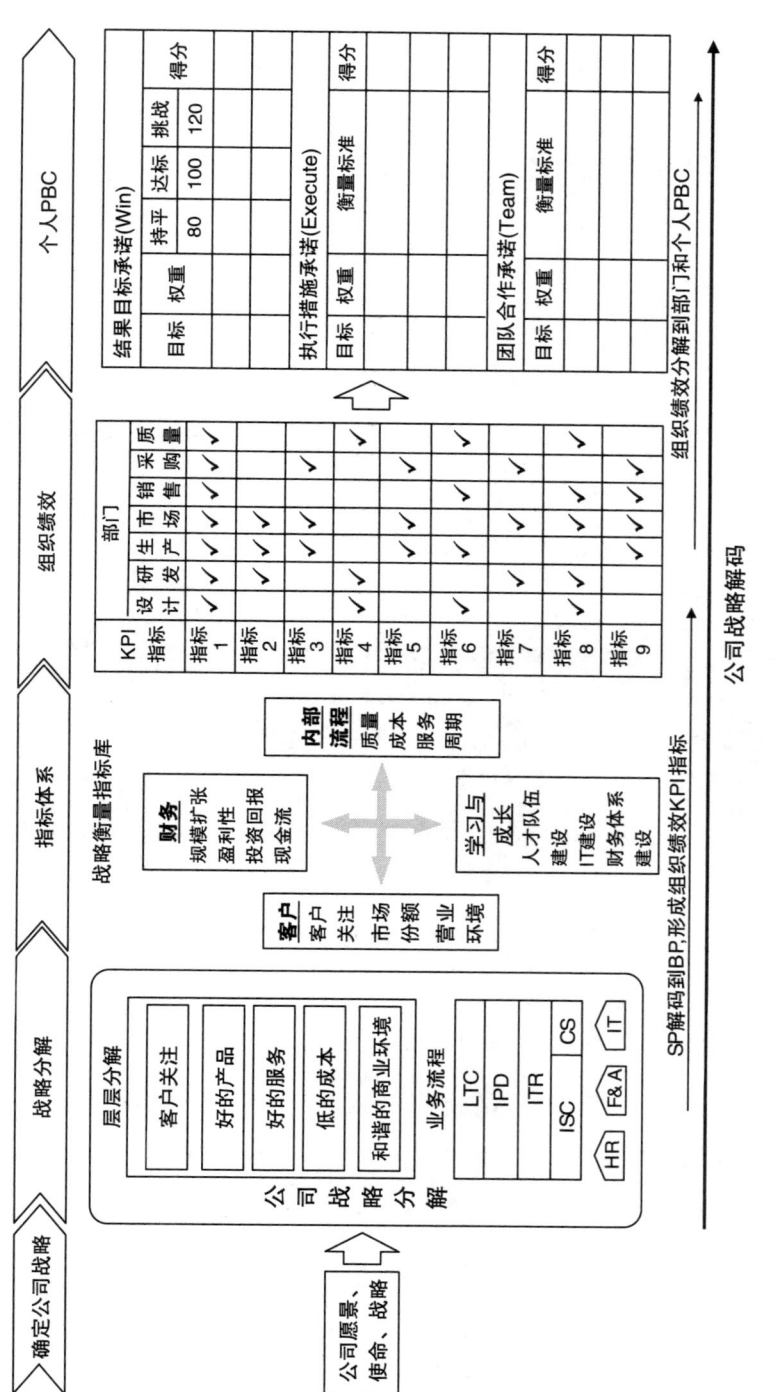

图 4-2 公司战略解码逻辑图

战略解码的方法论

战略解码的方式方法很多，我们在给企业提供战略解码服务的过程中通常会采用OGSM作为载体进行。OGSM是四个英文单词的首字母组合，分别代表目的（Objective）、目标（Goal）、策略（Strategy）和衡量（Measure），如图4-3所示。

WHAT是什么　　　　HOW怎么做

Objective	Goal	Strategy	Measure
目的	目标	策略	衡量
文字描述：期待达成的目的是什么	数字描述：具象化的目标是什么	文字描述：为了达成目标需要做怎样的选择和聚焦	数字描述：用哪些具体的指标来衡量策略的成功

图4-3　OGSM结构图

利用OGSM作为载体的战略解码通常有7个步骤，称为战略解码7步法：

（1）根据3～5年战略规划确定本（下一）年度战略目的。

（2）根据3～5年战略规划确定本（下一）年度战略目标。

（3）探索形成企业的关键策略（硬仗、突破事项）。

（4）确定关键策略（硬仗、突破事项）的衡量指标。

（5）确定关键策略（硬仗、突破事项）负责人和相关部门。

（6）解码到部门和子团队。

（7）解码到个人，并形成个人绩效合约。

从第1步到第5步完成了公司级OGSM，第6步和第7步分别完成部门级OGSM和个人级OGSM，如图4-4所示。

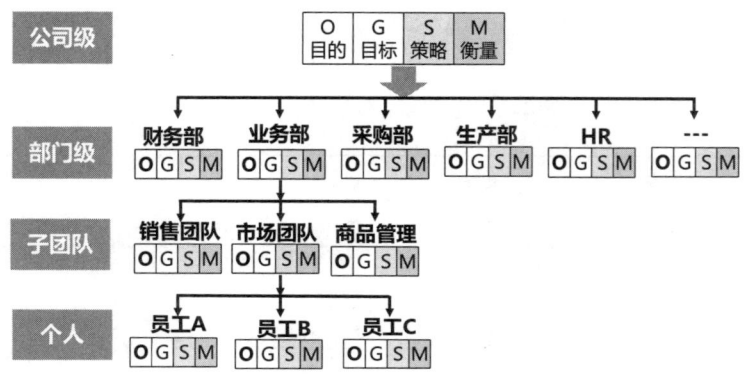

图4-4 基于OGSM的战略解码逻辑图

明确公司级OGSM：描述必须要打赢的仗

任正非在华为"军团誓师大会"上说："和平是打出来的，要用艰苦奋斗打出来一个30年的和平环境，让任何人都不敢再欺负我们，既为我们自己，也为国家。"

不管是企业经营还是体育竞技，企业从创业到做大做强，运动员从默默无闻到声名远扬，无不是打下了一场又一场的硬仗。在2022年成都世界乒乓球团体锦标赛上，男团一路过关斩将，先后战胜瑞典、日本和德国等乒坛劲旅，最后获得世乒赛男团十连冠。正是通过这样一场场的硬仗，捍卫了中国乒乓球的世界地位。

罗伯特·卡普兰曾经说过："如果你无法描述它，你就无法衡量它；如果你不能衡量它，你就无法管理它；如果你无法管理它，你就无法实现它。"公司级OGSM的核心在于**描述企业必须要打赢的仗**。表4-1就是一个企业公司级OGSM的部分示例。

表4-1　公司级OGSM的部分示例

目的	目标	策略	衡量	部门		
Objective	Goal	Strategy	Measure	研发	市场	销售
高端市场销售占比第一	高端市场销售占比大于45%	通过差异化产品研发，提升销售收入	差异化产品成功上市3款	√		
			差异化产品销售收入x万元		√	√
		通过拓展高端市场，提升销售收入	拓展高端市场3个			√
			销售收入x万元			√

1. 目的（O）

目的实际上就是对未来状态的概括描述，它回答了**"成功到底是什么样，解决问题有什么好处？"** 或者简单地说**"企业想要的是什么？"** 这一问题。目的通常是一种定性的描述，对目的的描述常常是一道**语文题**。

公司级年度OGSM中的"目的"有以下几种描述方法：

（1）直接描述为企业3~5年的战略愿景。这部分在战略设计中已经讨论过了。

（2）根据年度状况，对企业3~5年的战略愿景进行的阶段性描述。

（3）根据企业3~5年的战略愿景，团队共创本战略年度的愿景或者战斗口号。

不管采用哪种方式，对"目的"的描述一定要注意以下几点：

（1）振奋人心，鼓舞士气

好的目的陈述能够引起员工的心理共鸣，既能鼓舞士气，又能增强凝聚力和向心力，同时也不会令利益相关方反感。

（2）简单明了，直达主题

好的目的陈述一定要简单，让所有人一看就明白表达的是什么意思，不需要过多的解释。如阿里巴巴的"让天下没有难做的生意"、万科的"建筑无限生活"等都是很好的陈述。

（3）体现独特，拒绝雷同

目的陈述一定要体现企业的特点和年度的战略重心，不能千篇一律，陷入雷同。比如很多企业有过类似"成为最受尊敬的企业"等描述，这样的描述不能体现行业和自身的特点。

2. 目标（G）

目标是对目的的量化描述，它回答了**"如何证明目的实现了？"**这一问题。所以说，目标要承接目的，目标完成意味着目的的实现。

我们从四个维度对目标制定进行阐述：

维度1：目标的来源

公司在进行战略解码时，公司的目标通常有3个主要来源：第一，3~5年战略目标的里程碑；第二，3~5年战略规划中策略的里程碑和验收标准产生的目标；第三，差距分析产生的所要实现的任务的衡量目标。

维度2：制定目标的原则

（1）三赢原则

目标制定要遵循的第一个原则是"三赢原则"，即**跑赢大盘、跑赢竞品、跑赢自己**。三赢原则的基本定调是**"不管选择和谁比较，都要做到更优秀"**。当然，至于企业选择哪个原则也要看企业的战略定位，详见表4-2。

表4-2　战略定位与三赢原则

序号	和谁比	怎样定位自己	比什么	原则	适用情况
1	跑赢大盘	在细分市场里要做老大（第一、前三）	比去年排名更靠前，市场份额增加	增速≥市场增速	市场排名靠前，有份额数据、大盘增速
2	跑赢竞品	打赢头部，抢占头排	比对标的竞品更高更快	≥对标竞品的体量或增速	进入扩张期，增长相对稳定和对标竞品比
3	跑赢自己	比过去的自己更优秀	增速加快	增速≥去年增速	无市场数据，属于验证期，体量相对小

（2）平衡原则

目标制定要遵循的第二个原则是"平衡原则"。罗伯特·卡普兰和大卫·诺顿于1992年提出"平衡计分卡"的概念。他们强调，传统的财务会计模式只能衡量过去发生的事项，无法评估企业前瞻性的投资，因此必须改用一个将企业的愿景转变为一组由四个维度的绩效指标架构来评价企业的绩效。此四个维度分别是：财务、客户、内部流程、学习成长，如图4-5所示。

企业制定目标后可以按照此原则进行评估，确保目标的平衡。

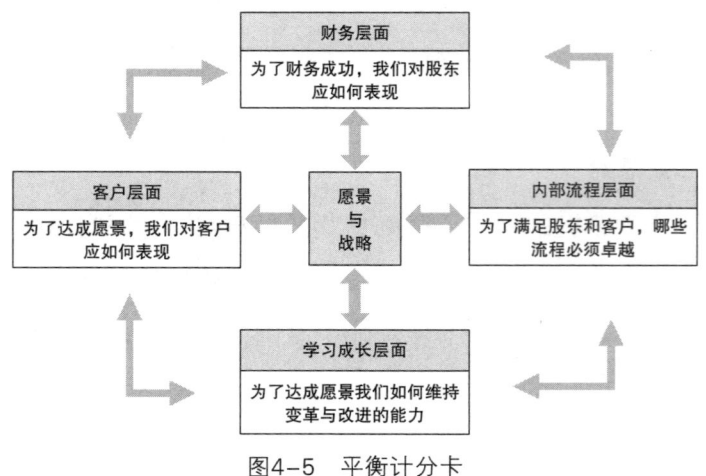

图4-5　平衡计分卡

（3）SMART原则

目标制定的第三个原则是"SMART原则"。SMART是5个英文单词的首字母，分别表示：

S（Specific）：具体明确；

M（Measurable）：可测量；

A（Ambitious）：挑战更高的；

R（Relevant）：相关性；

T（Time-bound）：有时限性。

企业在制定目标后可以参照图4-6进行评价，确认所有的目标符合SMART原则。

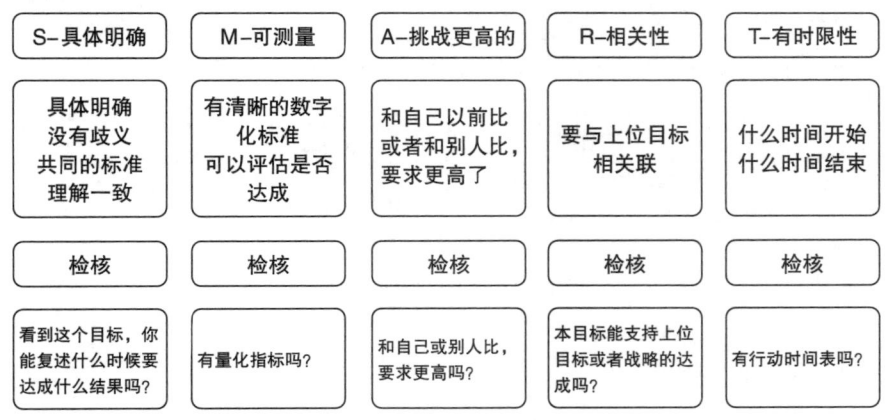

图4-6　SMART原则

维度3：目标的分解

目标分解常用的思路有四种：TSM、TPM、CPM和BPM。

（1）TSM（Time Series Management，时间分解法）

根据项目或者工作的时间阶段进行分解。

（2）TPM（Total Productivity Management，全量分解法）

综合目标进行全面解构，确保分解目标能支撑全量目标的分解方法。上下分解目标的量纲保持一致，例如制造成本=材料费+人工费+制造费。应用领域：销售额、成本、效率等类目标。

（3）CPM（Critical Parameter Management，参数分解法）

意在寻找系统内部的关键影响参数，通过改善关键参数来支撑系统特征的改善，通常针对研发产品类事项或原因、结果性事项。

（4）BPM（Business Process Management，流程分解法）

以客户为中心，遵循业务流程，对目标和措施进行分解和导出，通常针对效率、周期类事项。

维度4：目标的描述

目标的描述通常按照"名词+量化"的方式进行。注意，目标要承接目的，目标完成意味着实现目的，如图4-7所示，只要"销售占比达到45％"就意味着"高端市场销售占比第一"的目的实现了。

目的	目标
高端市场销售占比第一 ←	• 销售占比：45%

图4-7　目的与目标对应

3. 策略（S）

策略是实现目标的路径描述，是实现年度目标的重要保障，是企业必须打赢的仗的具体描述。企业在制定策略时需要考虑**"对准目标找抓手，关键路径有哪几个？"**

很多企业在制订年度计划时通常有三个问题：

第一，只关注目标的分解而忽略策略的探索。我们曾经服务过一个企业，他们在接到集团公司的考核指标后就开始召开经营分析会，在会上将目标分解到每个部门。各部门负责人都感觉指标压力很大，但又不能不签字，因为是摊派的任务。同时他们也知道，最后目标完不成也不是个案，而是每个部门都很难完成，所以年底考核又是差不多就行。这就是典型的只做目标分解不做策略探索。

第二，计划一堆，重点不明，主次不分。 很多企业拿到目标后就开始制订行动计划，然后就投入实施。从来不去看企业今年要重点突破什么，需要集中精力做什么，而是眉毛胡子一把抓，甚至是"捡了芝麻，丢了西瓜"。

第三，策略界定模糊，企业内部难以达成共识。 我们曾经服务过一个企业，董事长一直强调"通过差异化，实现企业的发展"。我们调研发现，不同的人对差异化的理解存在很大的差异。最后，我们在诊断报告中写到："不同的人对'差异化'理解的差异化，影响了'差异化'策略的落实。"

爱因斯坦曾说："精神错乱的人才会一遍又一遍地做着同样的事情，却期望得到不同的结果。"

企业要想实现战略目标，就必须对策略进行更深入的探索。企业通常可以按照以下四个步骤进行策略的制定：

步骤1：选择合适的切入点找到影响目标的关键因素。 根据多年的实践经验，我们推荐以下几个常用的切入点：

切入点1：关键成功要素（CSF）模型

关键成功要素指的是对目标达成起关键作用的因素。关键成功要素模型就是通过分析找出使目标达成的关键因素，然后围绕这些关键因素进行规划，制定相应的策略，如图4-8所示。

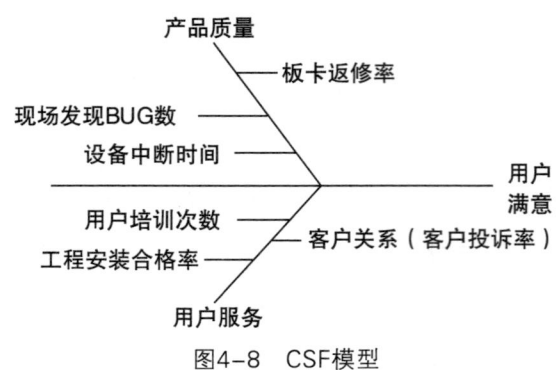

图4-8　CSF模型

切入点2：海盗模型：AARRR

AARRR模型因为其爆炸性的增长方式通常又被称为海盗模型，如图4-9所示。海盗模型的本质由获客、激活、留存、收益、传播五个阶段组成，对这五个阶段的解释如下：

Acquisition（获客）：用户从不同的渠道进入产品；

Activation（激活）：用户在产品内部使用核心功能（完成某个特定任务）；

Retention（留存）：用户连续性地使用产品；

Revenue（收益）：用户对产品产生了付费行为；

Referral（传播）：用户推荐他人来使用产品。

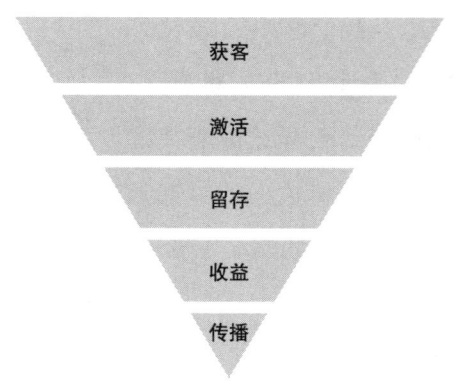

图4-9　海盗模型：AARRR

企业在针对销售目标制定策略时，可以参照这一个模型进行思考，从而明确在哪个维度进行突破才能有助于目标的实现。

切入点3：价值链公式模型

任何活动都可以找到其适合的价值链，我们可以通过价值链分析找到薄弱环节从而制定对策以实现目标，如图4-10所示。

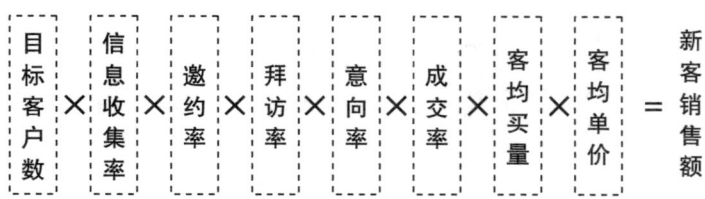

图4-10　新客销售额价值链

通过价值链分析，如果发现**"客均买量"**非常低，那么为了实现销售目标，企业可能需要突破的重点事项之一就是要提高**"客均买量"**。

切入点4：差距分析法

制定策略还可以通过差距分析进行，首先列出与目标相关的所有要素，其次列出现状，然后再假设原因，最后提出改善方案，如图4-11所示。

列出与目标相关的所有要素	列出现状	假设原因	提出改善方案
产品设计	●产品首页跳出率低 ●精华栏目阅读量低	●视觉设计质量不佳 ●重点区域不突出	……
产品运营	●社区用户发言不积极 ●用户原创内容减少	●用户动力不足	……
营销推广	……	……	……
其他	……	……	……

图4-11　差距分析法

注意，不管用哪个切入点模型进行思考，都要符合MECE（相互独立，完全穷尽）原则。

步骤2：针对关键因素探索策略。 如果通过海盗模型分析发现影响销售收入的关键因素是"老客户的转介绍"，此时我们就应该针对"如何提升老客户的转介绍"开展头脑风暴活动，探索各种可能的对策。

步骤3：对策略进行评估。 我们对选定的策略进行评估以确保策略**"足够硬"**。所谓的**"足够硬"**是指**"困难而正确的事"**。例如，华为的"不惜一切代价开发自操作系统"、京东的"自建仓配一体化的物流体系"、阿里巴巴的"反腐行动"等。

步骤4：描述策略。 我们通常建议企业按照"动作+名词+效果"的结构进行策略的思考并用通过……达到……的格式进行描述。如通过开拓新渠道获得新增长，或通过建立统一的运作体系和标准化工具提升协作效率。

4. 衡量（M）

衡量是指用以评价策略是否达成的指标。华为有这样一句话：我们不认可"茶壶里的饺子"，一切结果用你的军功章来换，一切用结果来说话。因此，设定科学的衡量指标至关重要。

针对策略制定的指标通常有两种：过程类指标和结果类指标。

过程类指标通常是针对"通过"后边的"动作+名词"制定的，而结果类指标通常是针对"效果"制定的，见表4-3。

"新渠道5个"这个指标是针对开拓新渠道设定的过程类指标；而"新渠道销售额：x亿元"这个指标是针对"获得新增长"设定的结果类指标。

"项目按时完成率：x%"是针对"建立统一的运作体系"制定的过

程类指标，而"效率提升：$x\%$"是针对"提升协作效率"制定的结果类指标。

表4-3　策略的衡量指标

策略	衡量
通过开拓新渠道获得新增长	新渠道5个 新渠道销售额：x亿元
通过建立统一的运作体系提升协作效率	项目按时完成率：$x\%$ 效率提升：$x\%$

年度OGSM制定之后一定要通过以下几个问题进行确认：

（1）指标完成了是否代表措施的实现？如果不是，还有哪些指标？

（2）措施实现了是否代表目标一定达成？如果不是，还有哪些措施？

（3）目标达成了是否代表年度目的实现了？如果不是，还有哪些目标？

（4）年度目的实现了是否能够支撑企业3~5年的战略落地？如果不能，会是什么？

（5）年度OGSM执行中的不利因素有哪些？

（6）年度OGSM执行中的有利因素有哪些？

制定部门级OGSM：上下对齐，左右拉通

公司级OGSM制定后就要解码到部门级。首先把与某部门相关的所有策略写到部门的"O"这一栏里，然后再把与某部门相关的所有衡量指标写到部门"G"这一栏里，如图4-12所示。

公司级OGSM示例

目的	目标	策略	衡量指标	部门		
Objective	Goal	Strategy	Measure	研发	市场	销售
高端市场销售占比第一	高端市场销售占比大于45%	通过差异化产品研发，提升销售收入	差异化产品成功上市3款	√		
			差异化产品销售收入x万元		√	√
		通过拓展高端市场，提升销售收入	拓展高端市场3个			√
			销售收入x万元			√

销售部OGSM示例

目的	目标	策略	衡量指标	责任人		
Objective	Goal	Strategy	Measure	赵	钱	孙
通过拓展高端市场，提升销售收入	*拓展3个高端市场；销售收入x万元*	通过与贸易公司合作，开拓国外高端市场,提升销售收入	销售收入x万元	√		
			5家外贸公司	√		
			2个高端市场	√		
		通过头部客户渗透，树立行业标杆	销售收入x万元		√	
			高端食品行业3个		√	
			药品行业2个		√	
		通过销售政策激励刺激KA超市>800元产品占比	>800元品销占>x%			√
			>800元品KA铺货率			√

图4-12 公司级与部门级OGSM关系图

接下来，部门的所有人进行策略研讨。策略的制定也可以参照公司级策略思考的模型进行。最后再对策略进行衡量指标的设定。

如果说，部门级OGSM和公司级OGSM实现了上下对齐，那么企业还应该启动记分卡，从而实现部门间的左右拉通，见表4-4。

表4-4　公司记分卡——跨部门拉通

序号	部门	跨部门指标	单位	权重
1	产品部 研发部 市场部 销售部	新品销售额	元	25% 25% 25% 25%
2	销售部 计划部 采购部 财务部	库存周转天数	天	20% 40% 20% 20%
3	研发部 产品部 采购部 财务部 生产部	成本率	%	25% 25% 20% 10% 20%
4	销售部 计划部	预测准确率	%	70% 30%
5	研发部 产品部 质量部 售后部	售后退货率	%	25% 25% 30% 20%
6	产品部 研发部 采购部 市场部	准时上线率	%	20% 50% 20% 10%
7	研发部 产品部 采购部	交付周期	天	25% 25% 50%

制定个人级OGSM：力出一孔，利出一孔

当部门OGSM制定后，团队成员要根据部门级OGSM制定个人级OGSM，并且最后还要形成具体的行动计划，如图4-13所示。

销售部OGSM示例

目的	目标	策略	衡量指标	责任人		
Objective	Goal	Strategy	Measure	赵	钱	孙
通过拓展高端市场，提升销售收入	拓展3个高端市场；销售收入 x 万元	**通过与贸易公司合作，开拓国外高端市场，提升销售收入**	销售收入x万元	√		
			5家外贸公司	√		
			2个高端市场	√		
		通过头部客户渗透，树立行业标杆	销售收入x万元		√	
			高端食品行业3个		√	
			药品行业2个		√	
		通过销售政策激励刺激KA超市＞800元产品占比	＞800元品销占＞x%			√
			＞800元品KA铺货率			√

赵的个人OGSM示例

目的	目标	策略	衡量指标	行动计划	
Objective	Goal	Strategy	Measure	具体行动	时间
通过与贸易公司合作，开拓国外高端市场，提升销售收入	销售收入 x 万元 5家外贸公司 2个高端市场	通过×××实现×××	××× ×××	××××	××
				××××	××
				××××	××
				××××	××
		通过×××实现×××	××× ×××	××××	××
				××××	××
				××××	××
				××××	××

图4-13 部门级与个人级OGSM关系图

很多企业会把个人级OGSM定义成PBC。很多企业（如华为、IBM等）的绩效合约通常会包括三个部分，见表4-5。

表4-5 员工PBC结构和内容

结果目标承诺					
目标	权重	持平	达标	挑战	得分
		80	100	120	
执行措施承诺					
目标	权重	衡量标准			得分
团队合作承诺					
目标	权重	衡量标准			得分

构建策略屋：一目了然，重点突出

当公司级OGSM、部门级OGSM完成后，为了让员工更清晰地看到OGSM的全貌，可以搭建企业策略屋，如图4-14所示。

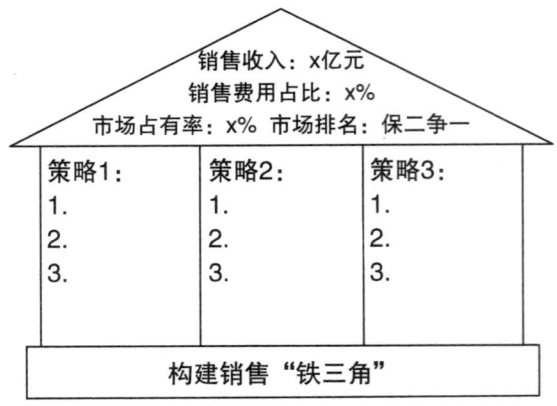

培育头部树标杆，猛攻腰部抢市占
——2021年业务部策略重点

销售收入：x亿元
销售费用占比：x%
市场占有率：x% 市场排名：保二争一

策略1：　策略2：　策略3：
1.　　　　1.　　　　1.
2.　　　　2.　　　　2.
3.　　　　3.　　　　3.

构建销售"铁三角"

图4-14　策略屋

策略屋，以一句话提炼策略重点主题、召唤行动（O），如"培育头部树标杆，猛攻腰部抢市占"；以目标（G）为屋顶；以策略（S）为支柱；以组织建设为地基。

通过这样一张图，就会让所有人很清晰地知道公司或部门的年度工作重点。

案例解析：某空管局的战略解码会

战略解码是指将企业的战略重点进行清晰的描述，并通过可视化的方式转化为全体成员可理解、可执行的行为过程。它的本质是以事件作为执行和考核单元，代替原来基于岗位职责的绩效考核。也就是说，它只考核任务产出，而不再评价工作能力和态度。虽然这不等于完整履职，但它以一种变命令为承诺、化被动为主动的方式，客观上促进了管理效率和效能的有力提升。

由于集成性高、机动性强等因素的影响，空管系统的管理和优化可以说是一项牵一发而动全身的系统工程，甚至比一般企业的管理还要难。以某空管局为例，2015年之前，该局的管理方式比较单一，主要依靠规范化手册实施，考核内容粗放模糊，管理中缺少责任量化，自上而下没有对岗位职责的明确界定，导致工作主动性不强、工作效率不高等，使管理工作陷入"不想管、不懂管、管不了、无法管"的不良循环。某空管局为了克服这些问题，2015年开始推行战略解码。但并没有想象的顺利，因为很多人不服从指挥。

鉴于上述存在的问题，该局于2018年克服重重困难，在全局大力推行全新的战略解码管理方式，从责任落实、形成合力、绩效倒逼等方面推动管理的精细化落实，取得了突出的成效。

围绕责任落实，该局首先确定了以"安全、效率、管理、队伍、建设、科技、党建"为抓手的七大战役，经过反复调研论证还形成了66项战役目标、86项战役行动，并率先在管制中心和机关进行试点，后又与13个单位签订了绩效合约，形成战略解码具体行动792项、衡量指标1018项，使各部门的职责清晰、责任明确。在推动岗位责任落实方面，发动全员围绕"提升空管运行品质"这一个核心目标共同努力，要求自上而下、一级一级地将行动和目标落实到每一位职工，真正实现考核压力逐级向下传导，做到"千钧重担一起挑，人人头上有指标"。

在形成合力方面，该局首先抓实干部管理工作，引领各级管理层发挥"头雁效应"，形成"喊破嗓子，不如干出样子"的良好氛围，坚决杜绝"假沸"式表态，让管理者们不断强化"本领恐慌"意识，以学益智、以学修身、以学增才，最终引领广大干部职工思想观念从"要我干"转变到"我要干"上来。

此外，围绕"机关病"问题，该局还推行"六个匹配"和"六戒六树"的管理理念，防止部门之间相互扯皮、彼此推卸责任等情况发生。尤其是围绕空管这一主责主业，该局进一步强化专业之间的协同联动，使安全管理逐步从"治标"向"治本"转变，最终达到使管制永远"不处于应急状态"，真正实现"不应急"。

在绩效倒逼方面，一是围在战略解码进程，要求各部门"一把手"要切实负起责任来，要主动承担，不能推给下级。二是强调各个单元对承接任务的思考和分析，按照预定计划抓住关键重大事项，解决难点问题，制定硬措施、硬时限，拿出硬手段，要勇于、敢于在最厚的木板上钻深孔。三是以问题和目标为导向，大力推进供给侧改革与需求侧导向一同进行，进一步细化"点线面"的责任。例如，在管制中是否给予安全的间隔、必要的反应时间和清晰的指令等，各部门是否能做到以管制的需求为根本出发点，努力确保安全管理实现由"专业安全"向"系统安全"升级的蜕变。通过不断地摸索和实践，各基层部门的精细化管理水平在战略解码倒逼下，有了更大的提高。

综上所述，该空管局的战略解码作为一种有效的管理方法，能够将管理层的战略构思与各战术行动单元有机地联系起来；能够使各级充分沟通和参与，理解自身工作与战略之间的联系；能够让战略牵引绩效管理，最终实现考核与实际相匹配。

第 5 章

CHAPTER 5

战略执行

正所谓"一分规划，九分执行"，不能执行的战略都是口号。吉姆·柯林斯在《从优秀到卓越》中说："有无战略已经不是衡量一家公司能够成功的依据。无论是优秀的公司还是平庸的公司都有战略，但战略的执行力如何却是区分它们的标志。"企业要想长期发展，不仅要有正确的战略，而且要靠战略的有效执行。

通过战略解码形成部门KPI和个人PBC后，如何推动战略落地就变得尤为重要，如图5-1所示。

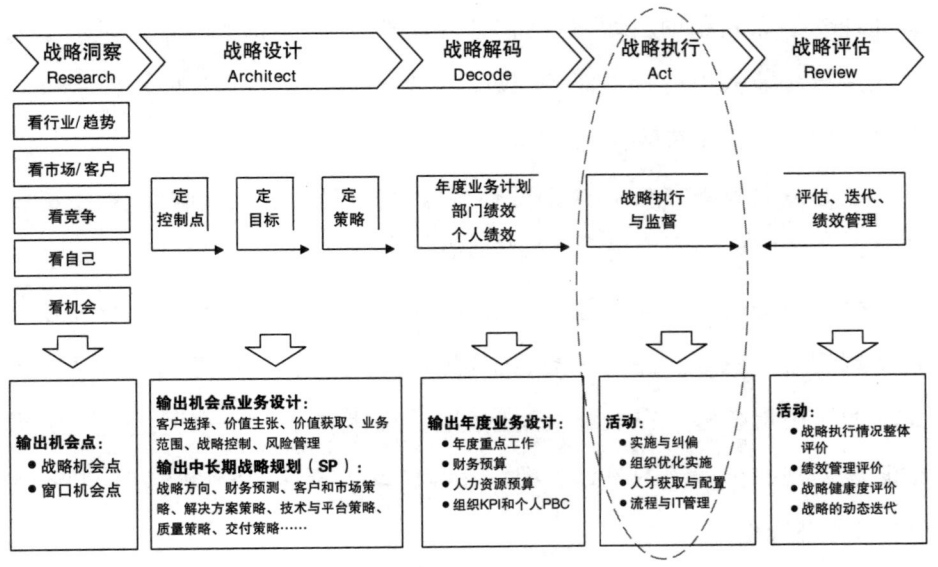

图5-1　RADAR模型

战略执行的推进主体

通常一个企业负责推动战略执行的责任主体有以下几种情况：

第一种是原有部门分头管理。战略解码后，各重点突破项（硬仗）由不同的人员挂帅，然后通过OGSM等形式分解到各部门和个人，并通过经营分析会、月度工作例会进行汇报。企业管理部门通常是企业运营管理部或者总经理（总裁）办公室，而最后的绩效管理工作由人力资源部或绩效管理委员会牵头开展。

第二种是成立战略项目管理办公室。项目管理办公室（Project Management Office，PMO）是企业设立的一个职能机构名称，也有的企业把它叫作项目管理部、项目办公室或项目管理中心等。随着项目管理理念的深入和项目管理价值的日益凸现，越来越多的企业以项目为单元进行企业战略分解与任务执行，并且逐渐认识到项目管理对提高企业经济效益和利润有巨大的影响。

企业设立战略PMO可以对战略执行进行统筹管理，包括项目跟进、督查、评估项目的优先级、资源协调等。

第三种是任命战略管理"一条龙经理"。战略从规划到执行需要的是"端到端"思维。任何一条端到端的流程，通常都需要由一位"一条龙经理"负责统筹。在战略从规划到执行流程中，"一条龙经理"负责战略规划到执行活动的策划、组织和实施。关于这部分内容，我们还会在第8章进行论述。

战略规划到执行"一条龙经理"通常要有一定的推动力，既要正直，又要具备一定的文案整理能力，从外部一般不容易招聘到，是需要从企业内部培养的。

有效执行的六大障碍

尽管战略的贯彻实施是战略执行成功的关键，但这个任务一点儿也不轻松。有效地执行战略要比制定战略困难得多。图5-2列举了有效执行的六大障碍。

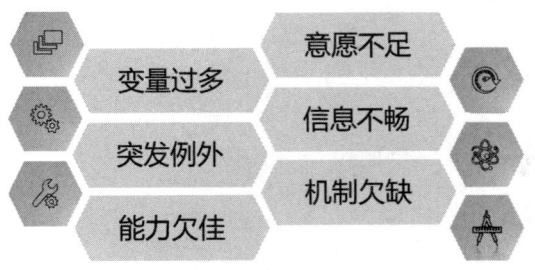

图5-2　有效执行的六大障碍

变量过多。执行是一个过程，不可能毕其功于一役，它不是单一决策或行动的结果，而是长时间内一系列一体化决策和行动的过程。这也不难解释为什么坚强有力的实施过程会带来竞争优势。同时，也正因为执行是一个长时间过程，所以面临各种各样的变量。

突发例外。计划总赶不上变化，计划安排得再好，也没法预估所有突如其来的状况，例如，加班、会议、出差、天气等。这些突如其来的状况会打破你的计划，让你无法持续地行动下去。就战略而言，也会有很多突发例外，如政策突然调整、供应商的破产等。

能力欠佳。新的战略要求新的能力，包括组织能力和个人能力。往往很多策略制定得很完美，但是最终因为组织和人员能力不足而导致执行效果欠佳。

意愿不足。很多员工缺乏对战略、实施步骤或计划的主人翁精神，没有动力去执行自己看不到好处的工作。

信息不畅。在人与人之间、部门与部门之间等，信息共享做得不好或者不恰当，甚至有些员工都不知道做某件事情的意义是什么。

机制欠缺。机制包括很多，如激励机制、文化机制等。例如，有很多企业是根据在职年限或者"资格"，而不是根据业绩或成果来实施奖励的。

有效执行的六大策略

上面给出的图5-2列出了战略执行中的六大障碍，或者从积极的角度来看，也可以说是六种机会。因为，处理好这些障碍就能保障战略执行取得成功。根据经验，我们提出有效执行的六大策略，又称为"六化"模型，如图5-3所示。

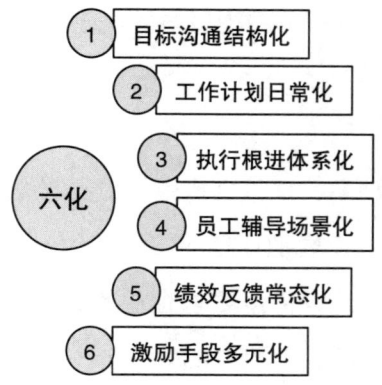

图5-3 有效执行的"六化"模型

目标沟通结构化

"知其然，知其所以然。"很多人不仅需要知道做什么，还要知道为什么做，做了有什么好处。这就要求我们在沟通目标时做到结构化，让对方清楚地"知其然，知其所以然"。

结构化表达的模型很多，我们推荐一个最简单的模型——BBS模型，如图5-4所示。

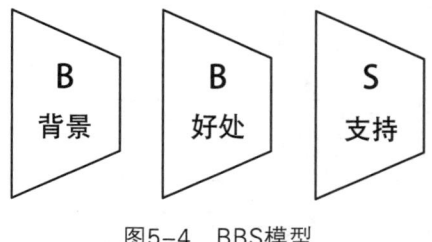

图5-4 BBS模型

首先，告诉对方做这件事情的背景（Background）是什么，我们为什么要做这件事。这样才能引起对方足够的重视。

其次，告诉对方做这件事情的好处（Benefit）是什么。这样容易激发对方做这件事情的兴趣和动力。

最后，告诉对方你能提供的支持（Support）是什么。这样能够帮助对方扫除一些执行的障碍，减少对方的一些顾虑。

工作计划日常化

正所谓**"通盘无妙手，日常定成败"**。战略解码后，每个人在制定了个人级OGSM之后，还要把计划落实到每周、每日。我们在辅导企业战略落地过程中，都会建议甚至要求企业的员工，尤其是管理团队制定周计划和日计划，详见表5-1和5-2。

表5-1　周计划

第___周 ___月_日—___月_日

一、组织目标（工作目标）

目标	预计行动	与日计划的链接

二、生活目标（个人目标）

目标	预计行动	与日计划的链接

表5-2　日计划

重要事项		
序号	任务描述	时间
紧急事项		
序号	任务描述	时间
联络事项		
对象	事项描述	是否可以合并
日复盘		

另外，如果有一些事项是周期性的，如每天、每周都会重复发生，我们会建议企业人员使用日日跟踪表，见表5-3。

表5-3　日日跟踪表

事项/行动	1	2	3	4	5	6	7	8	9	10	11	12	13	14	15	16	17	18	19	20	21	22	23	24	25	26	27	28	29	30	31
异常事项																																

执行跟进体系化

执行跟进系统（控制系统）或方法通过以下方式遍及整个战略实施过程：（1）提供反馈情况或者实施工作成果的信息；（2）强化实施方法和决策；（3）提供纠错机制，以使战略实施工作沿着正确的轨道前进；（4）允许通过学习来促进变革和提升适应性。

根据多年的实践经验，我们建议企业按照图5-5搭建执行跟进系统。

节点体系	播报体系	检查体系
时间节点 模块节点	状态显示 排名显示	主动检查 接受汇报 定期复盘

图5-5　执行跟进系统

1. 节点体系

节点体系通常可以根据时间节点和模块节点进行设计。企业可以根据工作性质、项目特点，以及策略特征等因素进行选择。

2. 检查体系

检查体系有很多种，我们着重强调主动检查、接受汇报、定期复盘三种。

（1）主动检查

管理者需要主动检查员工的执行情况并给出简要反馈。我们建议管理者可以参考平衡反馈法进行反馈。

平衡反馈法

1. 总体评价（1句）：请总体评价一下你的工作。你给自己打几分？

2. 正向反馈（3点）：说一下你做得好的3个地方。

3. 建设性反馈（2点）：如果可以重来，什么地方可以做得更好呢？还有呢？

4. 下一步：下一次任务，你会怎么做呢？

5. 给出自己的评价：我的评价是这样的……

（2）接受汇报

管理者通常会通过员工汇报的方式对战略执行情况进行跟进。在现实工作中，很多人在汇报过程中缺乏条理性。我们建议管理者可以要求员工按照**"黄金三讲"**的方式进行汇报。

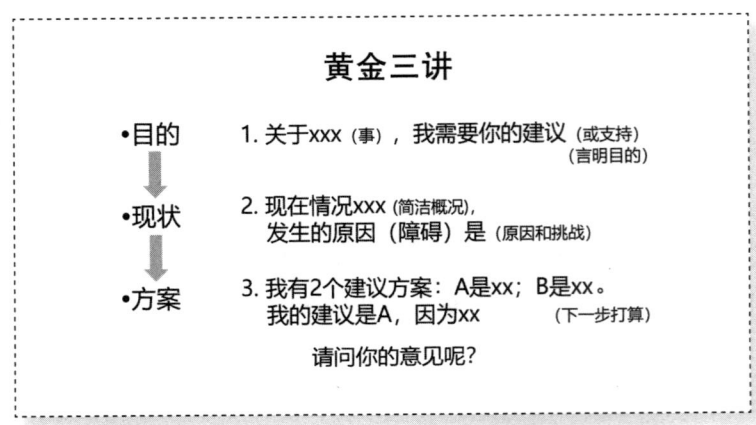

当然，如果员工没有养成习惯而导致汇报混乱，管理者也可以通过**"黄金三问"**的方式帮助员工厘清汇报重点。

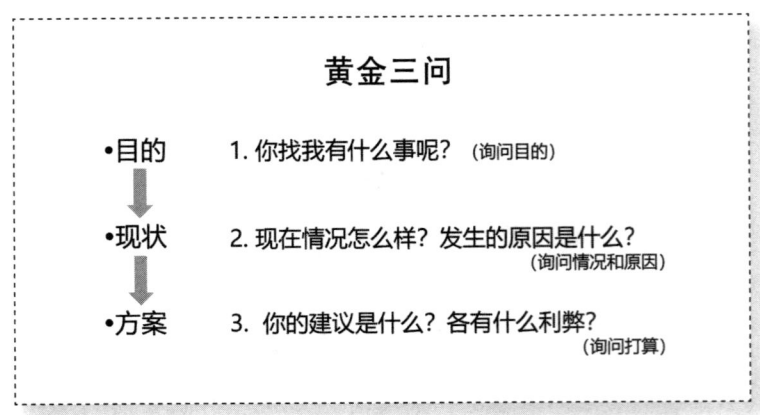

（3）定期复盘

复盘这个词是围棋竞赛中的术语，是指每次下棋结束以后，双方棋手把对局重复一遍，这样可以加深对这盘棋的印象，也可以找出双方在下棋过程中的漏洞，这是围棋棋手提高棋艺的一种好方法。

20多年前，联想创始人柳传志首先开始把复盘应用于企业管理中。柳传志常说："我的人生秘诀之一就是勤于复盘。"图5-6是联想的复盘结构。

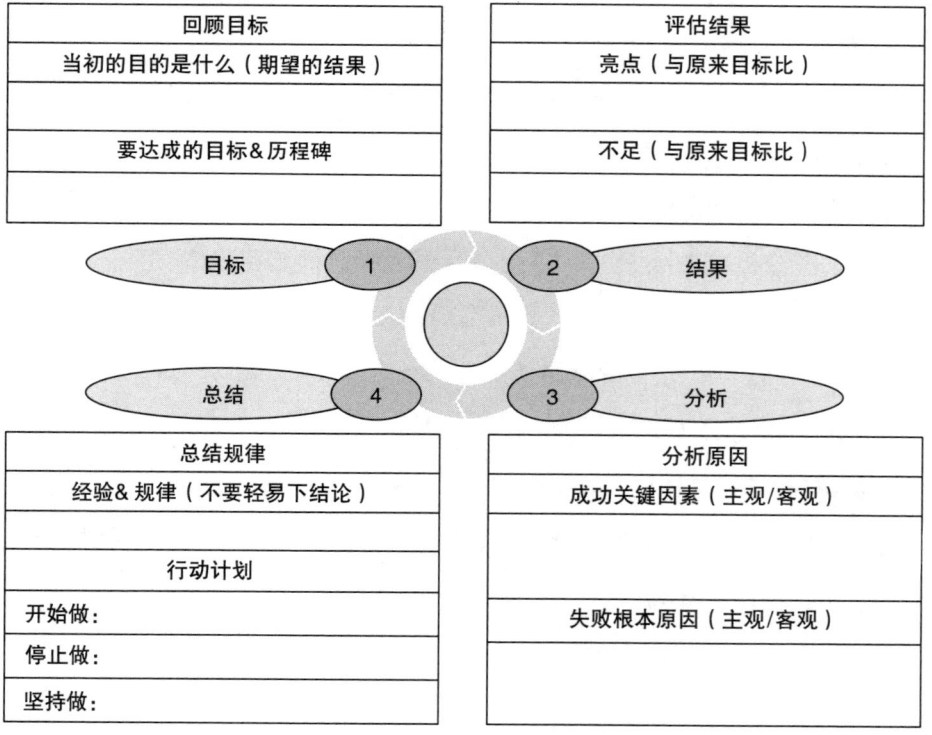

图5-6 联想的复盘结构

步骤1：回顾目标

1）明确目的与目标，目的保证目标的方向；清晰适配的目标能更好地保障目的实现。

2）目的之下的目标要可量化，可考核或具有里程碑性质的标志，可与结果对照评估。

3）事前目的与目标不清晰时，在复盘时补充清晰，便于本次对照并提高下次定目标的准确性。

步骤2：评估结果

1）首先要与原定目标相比较，客观地分析意料外的关键亮点或不足。

2）亮点与不足同样重要，切勿弱化亮点，"无须过分谦虚，忽略真本事更遗憾"。

3）多引入外部典型事实样本，让我们的评估结果视野更广阔、结论更客观。

步骤3：分析原因

1）在分析成功因素时，多列举客观因素，精选自身的优势去推广。

2）在分析失败原因时，多从自身深挖原因，多挑不足并补短板。谨慎检视当初的目的、目标是否明显有误从而导致失败，否则原因分析可能会围绕错误的目的、目标展开，结果事倍功半。

步骤4：总结规律

总结经验要谨慎，总结规律更要小心，不能刻舟求剑，从而把一时一地的认知当成规律。

3．播报体系

顾名思义，播报体系就是及时共享战略执行的进度。不同企业会有不同的做法，我们推荐两种：排名显示和状态显示。

排名显示，通常是针对员工或者部门的业绩进行排名，常见的有"龙虎榜""销冠排行榜""部门业绩排行榜"等。

状态显示，我们推荐的一种方式就是记分卡。通过记分卡，记录公司、部门、子团队指标完成的情况，见表5-4。

表5-4 记分卡

	单位	年度				季度				月度				达成：按月份											
		年度目标	年度至今	完成率	同比	季度目标	季度至今	完成率	同比	月度目标	月度至今	完成率	同比	1月	2月	3月	4月	5月	6月	7月	8月	9月	10月	11月	12月
结果指标（关注客户价值）																									
1.销售额 1.1净销售额	万元																								
1.2新品净销售额	万元																								
1.3高端产品净销售额	万元																								
2.×××	%																								
3.×××	%																								
4.×××	%																								
过程指标（关注内部运营） 1.用户服务 1.1询单转化率	人																								
1.2差评数处理率	人																								

续表

项目	年度目标至今	年度完成率	同比	季度目标至今	季度完成率	同比	月度目标至今	月度完成率	同比	达成：按月份 1月	2月	3月	4月	5月	6月	7月	8月	9月	10月	11月	12月
2.×××								%													
3.×××								%													
4.×××								%													
财务指标																					
1.销售费用占比								%													
2.回款率								%													
3.×××								%													
组织建设指标																					
1.人员招聘 1.1人员满编到岗率								%													

符合预期
不符合预期　　颜色标注让是否达标一目了然

◄ 136 ►

通过一套报表，部门能随时：

1）看结果指标：知道目标进度是否健康；

2）看过程指标：知道问题出在哪儿；

3）看财务指标：知道费用是否可控；

4）看组织建设目标：知道团队和成长情况。

记分卡是显示企业健康与否的仪盘表，通过记分卡就能够了解公司战略的阶段执行情况，并进行阶段性评估，针对未达标的项目做出改进。

员工辅导场景化

很多情况下，不是员工不想做而是不会做。此时，员工辅导就必不可少。根据经验，我们归纳总结出员工辅导的四种场景八种方法，如图5-7所示。

图5-7 员工辅导的四种场景八种方法

场景1：就事论事，方案辅导。这一场景通常是面对新员工或者用于对新事物毫无经验可以借鉴的场合。此时，我们需要**"单刀直入，不讲道理"**，直接跟对方讲案例，然后做示范给对方看，不需要给对方讲太多的大道理。美国开发的TWI体系中有一个模块叫作JI工作指导，专门给出了一套方法论"教三练四"——给对方示范三遍，让对方演练四遍。

场景2：**就事论法，方法辅导**。这一场景针对的是有经验的人，他们需要掌握做某件事情的方法。此时，我们需要"**善于提问，引导启发**"，不能一开始就告诉对方应该如何，这样很容易打击对方的积极性。我们通过提问的方式引导对方想到一些策略。最后**道出目的，请求许可**后，可以分享我们的经验。

场景3：**就事论能，能力辅导**。这一场景主要是提升员工的能力，让对方担当更大的责任。此时，我们应该注意每个人的"**机会平等**"，不能偏向某一个人；同时，我们又要给对方营造一种"**机会稀缺**"的感觉，让其能够足够重视这样的机会。

场景4：**就事论人，发展辅导**。这一场景是针对不同的人，进行不同的职业发展规划。此时，我们需要跟对方一起"**坦诚沟通**"并制定其"**发展规划**"。

绩效反馈常态化

很多企业绩效反馈通常会半年一次，而我们建议可以一个月进行一次。这样的常态化绩效反馈会推动战略执行的效果。值得注意的是，绩效包括做了什么（结果）和怎么做的（过程），如图5-8所示。

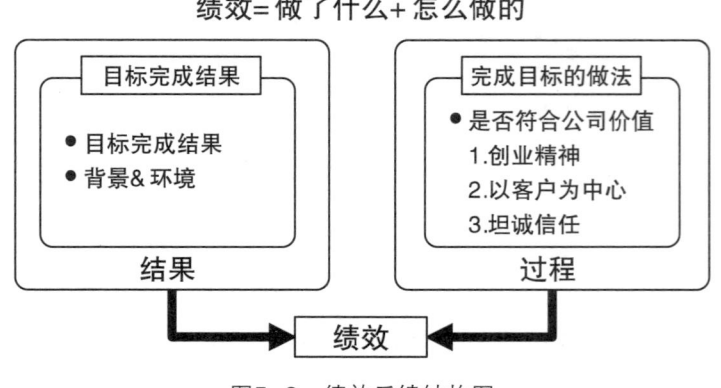

图5-8　绩效反馈结构图

激励手段多元化

据华为创业早期的员工回忆，他们那时候就一门心思想着怎么把活干完，怎么把活干好，根本不用操心自己能够拿多少钱的问题。因为，"老板天天在考虑你的待遇问题……"。华为内部强调"向雷锋学习"，但更强调"不让雷锋吃亏"。任正非曾经说过，"华为不能让雷锋们吃亏，雷锋也是要富裕的，这样人人才能想去当雷锋"。

因此，企业在设计激励机制时一定要思考如何才能"不让雷锋吃亏"。图5-9给出了一个激励机制框架图。

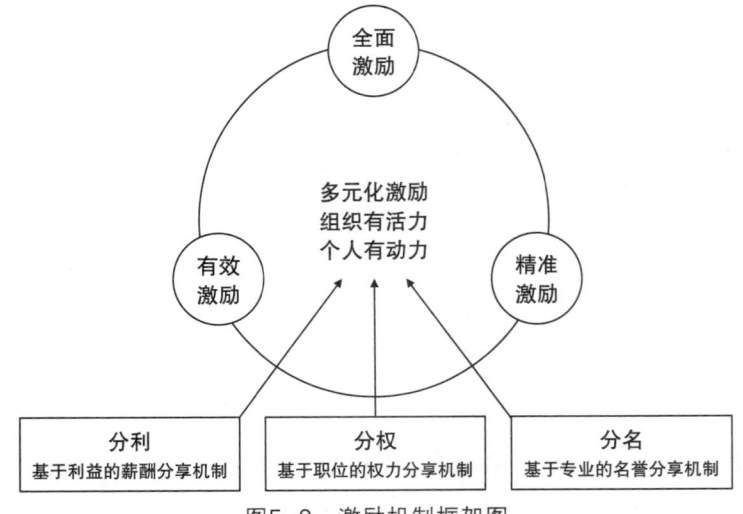

图5-9 激励机制框架图

全面激励：人人有份，只要你是价值创造者。但是"**人人有份**"不代表"**平均主义**"，而是依据"**价值创造大小**"进行分配。

精准激励：想要实现什么就奖励什么，找到激励的**牵引点**，如"多打粮食"牵引"增长性"而"增加肥力"牵引"成长性"。

有效激励：所有的激励最终都要促进业务的发展。

目标是否可以调整

通过复盘和记分卡发现有些目标会出现滞后的情况。当然，出现滞后的原因或许有很多，诸如市场环境变化、国家政策的调整等不可抗力的出现。但是无论原因是什么，关键问题是，目标能否进行调整。

这个问题要一分为二地看：如果是出现了不可抗力，如地震等自然灾害引发的项目延期、战争导致的货物不能运输等，可以在充分评估后对目标进行适当调整。

如果出现了当初制定目标时考虑不充分，如客户需求下降、投放新品的市场反馈低于预期、关键人才流失等，此时不建议企业对目标进行调整。这样做，主要出于两个方面的考虑。

（1）打造信守承诺、攻坚克难的绩效文化。诚然，在目标设定时对有些因素考虑不足，但也不能遇到问题和挑战就想要退缩。

（2）倒逼企业考虑周详。在最初设定目标时，就要尽量考虑清楚各种可能性，事先制定应急预案。稻盛和夫曾指出，思想要乐观，计划要悲观，执行要充满信心和希望。当我们做一件新的事情时，应该乐观地设想、悲观地计划、愉快地实施。在假设阶段需要大胆，在制订计划时要考虑到风险的严重性，在实施过程中要坚持原则到底。这种心态的转变，从乐观到悲观，再从悲观到乐观，非常重要。

当然，也会出现一种截然相反的情况，就是实际目标超过预定目标很多。可能的原因是市场出现利好，如某产品因意外情况在很多国家停产，中国的出口需求非常旺盛，年初制定的目标远远低于市场实际表现。此时，应该怎么办？

我们在做咨询业务时就遇到过一个企业，其产品分为内销和出口两类。2021年年底规划下一年的销售目标时，分别制定国内业务和出口业务的销售目标。结果因意外情况，国内需求陡然下降，而出口业务供不应求，销售额直线上扬。不同团队的达成率差别很大，对于原设的目标，有拿不到奖金的，有应该给几倍奖金的。

遇到这样的情况，我们通常的建议是要调整目标，但要设立调整原则，保持定位不变，数字可变；要跑赢大盘或跑赢对标竞品；设置挑战目标和阶梯增幅奖金，以平衡心理落差。

案例解析：华为的经营分析会

企业从战略解码到业务计划之后，怎么才能达到计划目标？在管理执行与监控阶段，最重要的方法就是开好经营分析会。

企业的目标和计划是会随着市场环境和竞争格局的变化而需要做出策略上的调整的。对此任正非说："一线的计划体系是用于作战的，而不是用于给公司汇报的。各地区部、各产品线的计划是用于作战的，担负主攻任务的部门，一定要有清晰的目标方向，以及获得成功的策略。对于增长目标达不到公司平均复合增长率的地区部，可以多去吃一些'窝边草'，也可以多做一些精细管理。对于不担负主攻任务的部门，一定以为前线提供优质服务为责任，不断进行管理优化。"由此可见清晰的目标方向是企业作战成功的保障。如何调整目标计划，使之为战略的落地成功导航？这就需要企业了解目标计划调整的依据。企业目标计划调整的依据是经营分析，通过经营分析进行预测，以便对战略计划、预算计划进行优化。很多企业没有用好经营分析会这个抓手，所召开的经营分析会没有找到目标计划调整的方向，因此以失败告终。

华为对经营分析会的定位是作战会议、作战指挥系统，必须集中力量打胜仗，目标是准确预测并达成年度经营目标。要分析，如果年度经营目标达到了，是如何达到的，做好了哪些步骤，将关键动作提炼总结为标准操作，从而在内部进行分享；如果目标没有达成，是什么原因导致的，要找到根本原因和应对措施；还要明确下一步的目标、行动及需要的资源是什么。企业要想开高质量的经营分析会，必须提前写出高质量的经营分析报告。华为的经营分析报告结构，如图5-10所示。

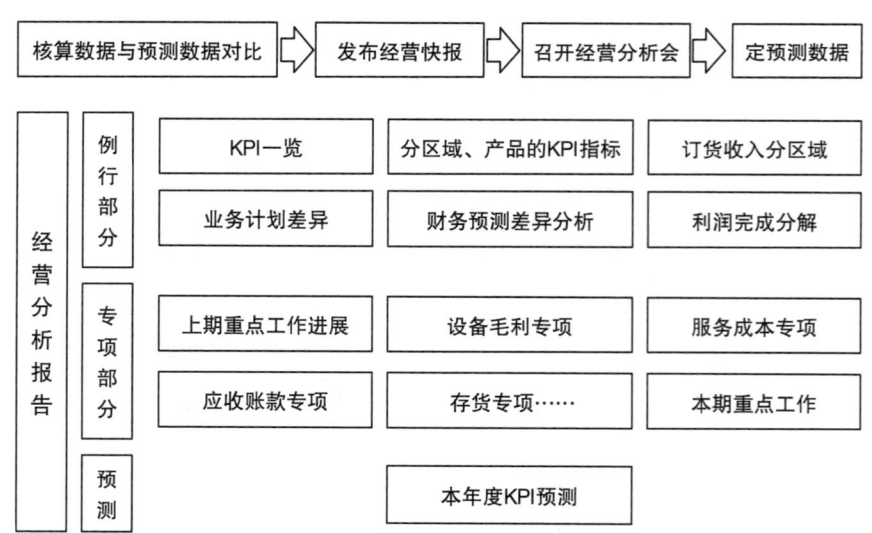

图5-10　华为的经营分析报告结构

华为的经营分析报告包括核算数据与预测数据的对比，然后据此发布经营快报，召开经营分析会，定预测数据。此经营分析报告可以是月度报告，也可以是季度报告，甚至是年度报告。每一期的核算数据与预测数据相比，看是否达到预定目标了，如果达到了，总结经验，制定下一期的预测；如果目标没有达到就分析原因，制订下一步的行动计划及预测下期数据。

华为的这种预测方法是滚动预测。它是在现在时点，基于现实对未来的业务趋势和关键事件进行估计和推断，并进行资源安排及制订相关财务计划，以确保经营稳健及经营目标的达成。

华为通过这种预测方法实行动态监控，其主要工具包括3个GAP（差距）和3个List（清单），具体如图5—11所示。

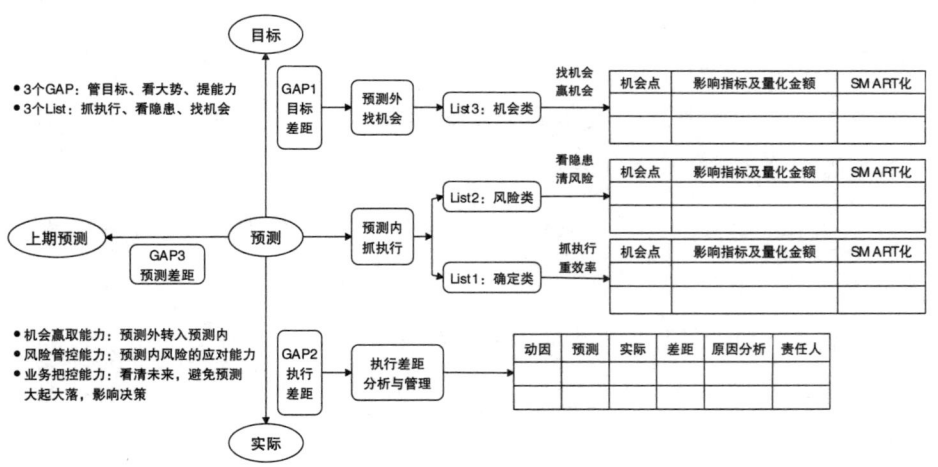

图5-11 滚动预测的主要工具

（1）3个GAP

GAP1：目标差距。目标差距是指目标与预测的差距。在预测内抓执行，在预测外找机会。

GAP2：执行差距。执行差距是指预测与实际的差距。据此，华为得出要加强对差距的分析与管理的结论。

GAP3：预测差距。预测差距是指本期预测与上期预测的差距。华为通过提升机会赢取能力，将预测外转入预测内；加强风险管控能力，即预测内风险的应对能力；提升业务把控能力，看清未来，避免预测差距过大，影响决策。

（2）3个List：

List1：确定类清单，抓执行，重效率。

List2：风险类清单，看隐患，清风险。

List3：机会类清单，找机会，赢机会。

华为通过滚动预测分析核算数据与预测数据的差别之后，就会对照全年预测和差距，寻找和弥补目标缺口的机会在哪里，没有机会支撑的目标和预测就没有价值。

为了把握机会，华为对照全年预测，按照"五个一致性"要求进行闭环管理。"五个一致性"是指五个要素（机会、目标、策略、行动计划、资源配置）要对齐，保持一致性，将机会"照进现实"。

"五个一致性"要求企业输出机会清单，弄清楚机会的概率有多大，应对策略是什么，要让策略落地，什么日期做哪些事项，要取得什么结果，也就是行动计划落地需要有哪些资源保障。

华为的经过分析报告还会输出待解决的问题，单独列出需要讨论和决策的事项，以便与会人员讨论并形成决议。

第 6 章
CHAPTER 6

战略评估

战略评估的作用是检验战略实施进展，评价战略执行业绩，不断修正战略决策，以期达到预期目标。同时，战略评估也可以总结业务的成功经验和规律，复制推广，帮助企业**把偶然成功变成必然成功**。

在VUCA时代，市场竞争激烈、环境变化快，企业在年初制定的战略目标、战略举措及相关行动计划，是当时对未来的一种预测，很大程度上受到当时的信息条件、人员能力、资源状况等的限制。一旦市场竞争和环境发生变化，战略目标和战略举措，以及相关的配套方案就要做出相应的调整。因此，战略评估也越来越趋于敏捷化。在这里需要强调的是，战略执行过程中的复盘，实际上就是一种评估，通过月度评估实现对战略的敏捷迭代。

在本章，我们将重点阐述对一个战略周期的整体评价，主要包括：战略执行情况整体评价、绩效管理评价、战略健康度评价等，如图6-1所示。

需要再次强调的是，战略评估应该是持续进行的，而不能只在战略周期结束或问题出现之后才有所行动。很多企业的战略规划未能实现，与其在执行过程中没有扎实地走好每一步有关。

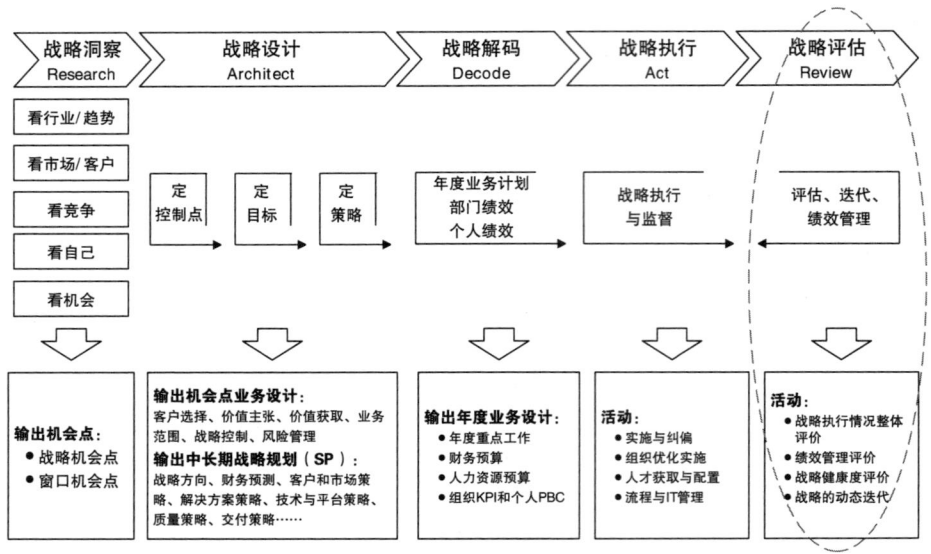

图6-1　RADAR模型

战略执行情况整体评价

战略执行情况整体评价要本着**"批评与自我批评"**的价值观,从**"摆数据,找差距"**开始,聚焦差距和不足,找出根本原因,持续改进。

战略评估要求各级管理者要直面差距,持续寻找差距,以识别并解决差距为目标。这也是战略从规划到执行的一致性思考逻辑。

谈到差距通常会有两种:**业绩差距和机会差距**。

业绩差距是现有经营结果和期望值之间的差距的一种量化陈述。例如,以追求时尚的年轻群体为目标客户研发的新产品销售收入只有15亿元，与设定的目标收入20亿元相差5亿元。更多的例子如下：

造势产品销量不达标：1～9月××收入占比不足5%，完成率35%。

销售差距：漏斗里无机会——当月1/3在手，1/3现抢，1/3没着落；后几个月不管。

信息化日清：不能信息化日清，月订单均衡天数不足10天，月底论明显，最后一周销量占比平均为60%。

订单预测：不能准确预测订单，准确率低于80%，库存大，但是客户缺货，内外怨声载道。

专家使用：请进了研发专家、质量专家，A产品销量同比增长10%，专家改善了产品质量，没有改善市场。

企业弥补业绩差距不需要改变业务设计，可以通过高效的执行来填补。换言之，业绩差距往往是**执行差距**。

机会差距是现有经营结果和新的业务设计所能带来的经营结果之间的差距的一种量化评估。例如，我们正在失去在外包领域每年以15%速度增长的行业相关的业务流程与客户合作的机会。更多的例子如下：

发展差距（抓不住发展机会）：2022年上半年固定资产投资x亿元，增长x%，预计下半年增长达到x%，我们增长不到x%。

行业差距（抓不住行业发展机会）：2022年国内电动汽车行业容量x亿元，我们应该占到x%的份额，但实际目标只有x亿元，不足x%。

战略创新（抓不住超越对手的机会）：有机会在2022年超越

A、B进入前三名（A份额x%，B份额x%），我们却没有战略创新，没有增长突破。

营销策略（抓不好提升品牌的机会）：A市标杆工程给我们做大项目提供了机会，却没有把握好机会，没有带动形象、带动大面积销售提升。

产品推出（抓不住技术发展机会）：节能、环保成为行业趋势，没有充分利用"电动汽车热"来推出我们的一系列电动汽车产品，新品推出一拖再拖。

机会差距是指战略层面的落差。战略分析通常是按季度或年度对战略执行情况进行跟踪，重点是对行动方案进行监控，对市场和竞争对手进行洞察，对资源进行调度。同时，填补一个机会差距往往需要有新的业务设计。

之所以要区分业绩差距和机会差距，是因为当业绩差距主要是执行差距时（例如企业文化氛围、跨部门协作、干部管理等因素），需要警惕，很多企业的管理者倾向于将自身责任"甩锅"给他人或外部环境。很多人容易为失败找借口，认为自己已经"全力以赴"了，已经"做得很好"了，认为业绩差距是很多"不可控因素"导致的。任正非要求华为干部在自我批评中做到"三讲三不讲"：**讲自己，不讲别人；讲主观，不讲客观；讲问题，不讲成绩。**

当然，在我们关注业绩差距的同时，也不要忘了看清外部环境变化，把握机会通过战略创新实现企业的突破性发展。就企业而言，最大的差距是看不到自己差在哪里，尤其是有哪些机会差距，机会差距是最大的差距。企业经营者要时刻提醒自己，就算是当前业务已经取得了巨大的成绩，也不能沾沾自喜，要时刻警惕"黑天鹅"和"灰犀牛"事件的发生，因为现有的80%的业务来源，在未来有可能变为零。

企业可以利用表6-1进行差距分析。

表6-1　差距分析表

目标：描述业绩差距、机会差距及其根本原因						
差距描述（尽量量化）				差距类别（√）		根本原因
类别	目标	实际	差距	业绩差距	机会差距	
销售额						
客户投诉						
毛利率						
人力资源效率						
产能利用率						
交期						

就评价形式而言，很多企业会利用**突破项（硬仗）执行评议会、个人述职会，以及年度总结会**进行战略执行情况的整体总结和评价。

突破项（硬仗）执行评议会，通常都是由企业管理层成员以及项目（硬仗）涉及的相关部门核心成员参加。这个会议与月度复盘会议的方式有些相似，不同之处就是月度复盘会议主要还是以过程指标为主、结果指标为辅，而突破项（硬仗）执行评议会以结果指标为主、过程指标为辅。很多企业通常会在年中和年终进行执行评议，必要时会对战略进行必要的迭代。

个人述职会，主要由企业管理层成员、部门负责人等参加，也有的企业选择员工代表参与。会议目的是各级管理人员和部门负责人汇报展示自己的年度工作业绩。述职报告内容通常包括履行岗位职责，完成工作任务的成绩、缺点或问题、设想，进行自我回顾、评估、鉴定等。与会的其他成员会对汇报者进行质询。

年度总结会，通常面向更广泛的人员（甚至是全体员工）。会议通常是由企业最高管理者（董事长、总裁、CEO等）进行报告，通报企业一年取得的成绩和存在的不足，以及对未来的展望等。很多企业的年度总结会议与职工代表大会放在一起开。

绩效管理

在这里绩效管理包括绩效结果反馈和应用，也就是对管理者和个人进行年度评价后的反馈和奖励。这个部分按照企业既定的绩效管理办法实施即可。

战略健康度评估

战略健康度评估主要是对上一个战略规划和战略解码相关工作的回顾和审视，一般在制定新一轮战略规划前进行，一年一次。战略健康度评估根据环境变化进行纠偏以及阶段性复盘，主要活动有：审视战略执行中存在的问题或偏差，及时调整战略；分析市场环境变化（宏观、客户、竞争对手及关键技术等），及时调整战略；阶段性复盘，总结经验和教训，包括组织、流程、激励机制等。

我们将从评估的四个准则和六个维度进行阐述。

四个准则

有"战略大师中的大师"之称的理查德·鲁梅尔特（Richard Rumelt）提出了战略评价的四条标准，即一致性、协调性、可行性和优越性。

一致性：主要是指在一个战略方案中，一般不应出现不一致的目标和政策。为此，鲁梅尔特还专门列举了相关的判断标准，以帮助企业发现内部问题和战略之间的不一致性。首先，如果企业已经更换了人员，但管理问题仍未得到有效解决，那么便可能存在战略的不一致。其次，就企业内部来看，如果一个部门的成功意味着另一个部门的失败，那么战略之间也可能存在不一致。最后，如果出现一些问题和状况总是被上交到最高管理层来解决，那么也可能存在战略的不一致。

协调性：重点是注重在评价环节中，保持单个趋势和组合趋势的协同性。一般来说，企业在战略制定过程中，总会遇到内部因素与外部因素相匹配的困难，且绝大多数变化趋势都是与其他多种趋势相互作用的结果，对此必须加以综合考察、统筹兼顾。

可行性：一个好的战略必须做到既不过度消耗可利用资源，又不能因战略实施带来相关的派生问题。换句话说，如果制定的标准不可行，那么一切都会沦为空谈。因此，确保战略落地的前提就是战略必须可行，即企业可以调动自身的人力、物力和财力资源去推动战略的实施。其中，企业的财力资源又是最容易进行定量分析的，通常也是决定企业采用何种战略的首要制约因素。此外，人力资源分配能力对于战略目标的实现也尤为重要，但对其进行定量分析却并不容易。因此要考察企业战略的可行性如何，不妨先考察一下企业在以往是否已经展示了既定战略施行所具备的人、财、物等资源。

优越性：一个好的战略，总是能够让企业在特定的业务领域保持领先的创造能力和行业的竞争优势，但竞争优势通常来自其资源、技能和位置三个方面的优越性。其中，良好的位置主要是指，它能够让企业从某种经营策略中获得一定的优势，而达不到该位置的企业则不可能实施同样的策略。因此，在评价某种战略优势的过程中，应首先对企业的位置优越性进行考察和分析。

六个维度

机会：我们抓住了什么机会？错失了什么机会？例如，华为当年错过了小灵通市场，陷入了被动。

客户：客户为什么选择我们？客户为什么没有选择我们？客户为什么流失了？竞争对手的客户为什么选择了我们？

竞争：发现竞争对手的长处和自己的短处都有哪些，输出HTL（How-to-Learn，怎么学）和HTB（How-to-Beat，怎么打击）策略，**一边向竞争对手学习，一边打击竞争对手。**

产品竞争力：我们产品的竞争优势在哪里？是总成本领先还是差异化？在产品、服务还是营销上有优势？

运营效率：重视财务三张表，关注企业运营效率，如人力资源效率等。

组织关系和管理：关注人与人之间、部门与部门之间、系统与系统之间的关系，业务流的完整性，IT建设、数字化转型等。

RADAR模型以"R"开始以"R"结束，两者遥相呼应，如影随形。总之，战略评估主要是回顾过去、检讨差距，为下一轮战略规划和战略指引提供输入。

案例解析：为什么要自我批判

就自我批判，任正非先生曾说："如果没有长期持续地自我批判，华为制造平台，就不会把质量提升到20PPM（一百万分之二十）。"有些人一向散漫、自由、富于幻想、不安分、喜欢浅尝辄止的创新，不愿从事枯燥无味、重复日复一日的枯燥工作，不愿接受流程和规章的约束，难以真正职业化地对待流程与质量。没有自我批判，克服不了这些不良习气，我们怎么能把产品造到与国际高水平一样，甚至超过了同行。他们这种与自身斗争，使自己适应如日本人、德国人一样的工作方法，为公司占有市场打下了良好基础。如果没有这种高质量地与国际接轨，华为很难生存到今天。

华为研发系统曾召开过由几千人参加的大会，将由于工作不认真、BOM（Bill of Material，物料清单）填写不清、测试不严格、盲目创新造成的大量废料作为奖品发给研发系统的几百名骨干人员。任正非在会上说，之所以这么做，就是为了让大家铭记，从而一代一代地传下去，为培养下一代管理层进行一次很好的洗礼。

经过多年的艰苦奋斗，华为在SDH光传输、接入网、智能网、信令网等诸多领域处于世界领先地位。尽管如此，任正非却认为，华为公司真正能展现实力的时候，还是在未来的十年。尤其是近些年来，华为通过《华为人》《管理优化》和公司文件等形式，不断地公开自己的不足，披露自己的错误，勇于自我批判，刨松了整个公司思想建设的土壤，为公司全体员工的自我批判，打下了基础。一批先知先觉、先改正自己缺点与错误的员工已经快速地成长起来。

从华为管理系统发展的历程看，它也是由小公司逐渐发展起来的。如果不是不断地进行自我批判，那么面对全流程的体系如何建设得起来。特别是面对如今产品竞争十分激烈的市场，管理系统天天在进行自我批判，没有自我批判，难以拥有更大的生存空间，并确保自身在进步的社会里生存下去。在市场营销系统的自我批判方面，华为曾推行过"集体大辞职"，就是让大家能够普遍接受一次思想上、精神上的自我批判，开创了公司干部职位流动的先河。

还有，华为十分重视倾听和尊重用户的意见。任正非就此表示："我们常常听不到客户批评了，客户认为我们的员工太辛苦，工作中有一点点错，告诉公司怕影响他们的进步，有意见也不提了。久而久之，我们会认为太平无事，问题的累积则会毁坏整个客户关系。"企业的管理就是奋力去提高客户满意度。没有自我批判，认识不到自己的不足，何来客户满意度的提高。

在组织改造与优化的进程中，华为也将自我批判放在极其重要的位置，希望一切骨干能努力塑造自己，只有认真地进行自我批判，才能在实践中不断吸收先进和优化自己，才能真正塑造自己的未来。在机制倒逼方面，华为公司认为自我批判是个人进步的好方法，还没掌握这个武器的员工，希望各级部门不要再给予提拔。两年后，还不能掌握和使用自我批判这个武器的干部，请降级使用。同时，华为也告诫员工，过度的自我批判，以至破坏成熟、稳定的运作秩序，是不可取的。自我批判的连续性与阶段性要与周边的运作环境相适应。因此要坚决反对形而上学、机械教条的唯心主义，在管理进步中，一定要实事求是，不要形左实右。

综上所述，华为公司开展自我批判的目的不是要求大家去专心致志地修身养性，或是大搞灵魂深处的革命，而是要求大家不断地去寻找外在的更广阔的服务对象，或是更有意义的奋斗目标。因为你的内心世界多么高尚，你个人修炼的境界多么超脱，别人是无法看见的，当然更是无法衡量和考核的。我们唯一能够看见的是你在外部环境中所表现出来的态度和行为，它们是否有利于公司建立一个合理的运行秩序，是否有利于去除一切不能使先进文化推进的障碍，是否有利于公司整体核心竞争力的发展。这就需要我们不断地走出内心世界，向外去寻找更为广阔的服务对象和更有意义的奋斗目标，并通过竭尽全力地服务于他们和实现它们，使我们收获一个幸福、美好、富有意义的高尚人生。

在现代竞争社会，很多公司面临管理创新、制度创新的挑战，但对一个正常的公司来说，如果常常变革，其内、外秩序就很难安定地保障和延续，但如果不变革就不能提升公司整体核心竞争力与岗位工作效率。面对改革，究竟改什么？华为公司的答案是：一个有效的程序应长期稳定地运行，不因有一点问题就常去改动它，这样改动的成本会抵消改进的效益。此外，各级部门切忌草率行动，公司管理层必须要把好这个关，宁可保守一些，也不可太激进。

其实华为公司坚持自我批判的根本意义，也就在于此。

第 7 章
CHAPTER 7

战略落地的保障

战略执行靠人才，人才培养靠企业。企业要培养人才，就要重视人才锐化。人才锐化是指不断地基于企业的总体战略，定义企业的人才战略并通过设定人才标准，提高人才密度，打造一支支持企业战略增长的人才铁军。企业有了人才，还要有满足战略执行需求的组织架构。因此，企业要重视组织架构优化，使组织设计、流程再造，以及企业的向心力和执行力得到有效提高，然后形成具有企业特色的文化，通过变革管理，保障企业战略的落地。

组织优化

战略决定组织，组织跟随战略，这是钱德勒在《战略与结构》中的重要论断。有"中国魔水"之称的体育饮料巨头健力宝，由于公司治理结构、组织结构、组织功能设计、关键岗位设置、职级设计等存在一系列问题，企业的战略不能清晰地传达到企业的各个层面，导致内部沟通出现了问题，从而阻碍了战略的执行。

一些企业内部的运营不能满足战略执行的需要，现有的组织架构与执行新战略所需要的组织架构不一致，再加上决策权力的收放度、部门与岗位的配置与战略的不相适应造成企业战略执行效率低下。因此，企业要提升战略执行效率，战略要执行到位，就必须进行组织优化。

组织优化主要是指通过组织设计、流程再造等方式，使企业的向心力和执行力得到有效提高，实现组织结构更加合理的过程。

组织结构是企业战略实施和流程运作的重要基础，也就是说只有妥善完成组织架构，才可以进一步推动战略和流程的实施。实际上，组织结构本身能够产生支撑效果。若组织结构不协调或者存在设置不合理的情况，显然会对企业的战略执行力带来削弱作用。结合企业发展历程可以看出，组织结构并不是长久适用的，因此在战略确定后的第一项任务就是进行组织优化。

一直以来，组织与企业战略实施都有着十分紧密的联系，同时应重点针对提升组织能力、选拔负责人员、实施组织赋能，以及明确战略方向进行完善与改良。在此过程中，只有让战略变革与组织架构调整之间形成良性的互动，才能有效地推动企业的快速发展。例如，2015年阿里巴巴实施了"大中台、小前台"战略，进而围绕中台与前台建设开展相应的产品技术和数据能力整合，实现组织结构的全面升级。近年来，阿里巴巴又通过发展云计算、菜鸟等新兴业务在行业内形成了领先优势；同时又针对"五新战略"实施了新的组织体系升级，促进了整体企业的战略升级与自我完善。相信随着战略的调整，阿里巴巴一定会不断地调整其组织结构，从而让战略更好地落地。

华为公司一直在实施流程型组织变革。流程型组织是指以业务流程为导向，以流程管理为核心的组织结构。图7-1所示就是华为的流程框架。

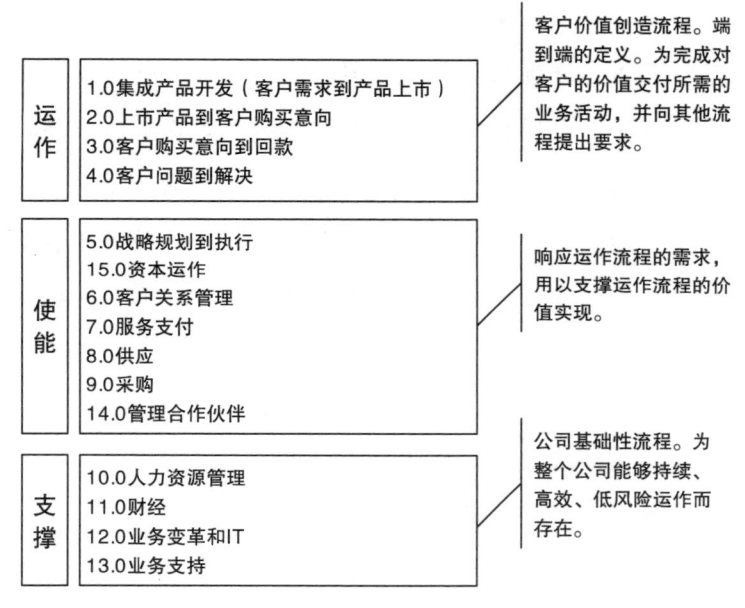

运作	1.0集成产品开发（客户需求到产品上市） 2.0上市产品到客户购买意向 3.0客户购买意向到回款 4.0客户问题到解决	客户价值创造流程。端到端的定义。为完成对客户的价值交付所需的业务活动，并向其他流程提出要求。
使能	5.0战略规划到执行 15.0资本运作 6.0客户关系管理 7.0服务支付 8.0供应 9.0采购 14.0管理合作伙伴	响应运作流程的需求，用以支撑运作流程的价值实现。
支撑	10.0人力资源管理 11.0财经 12.0业务变革和IT 13.0业务支持	公司基础性流程。为整个公司能够持续、高效、低风险运作而存在。

图7-1 华为的流程架构

在流程型组织中，内部关系市场化的结果，以及业务流程与市场、客户的对接点就是市场化价值流小组（团队）。价值流小组（团队）是指在实际工作中的小组、自我管理工作小组，也是自负盈亏的利润中心。

在流程型组织中，团队是企业当中最积极的部分。流程型组织只有培养以企业精神为主导的团队，才能变得具有较强的凝聚力和战斗力，才能真正拥有创意。

公司打造流程型组织必然涉及部门、人员、岗位和职能的重新调整与设计。在传统公司架构中，各部门职责往往重叠较多，具体表现为公司的某项职能可能出现若干部门"掣肘"的情况，使得业务运行缺乏一定的协调和统一。为此，华为公司进行了流程型组织变革。①

华为建立了流程型组织，使每一项职能只属于一个职能机构管理，具体是按照以下步骤进行的。

第一步，整合部门。华为公司进行了任务合并，让一个员工来完成多项任务。这不但实现了工作的多样化，而且减少了员工工作上的推诿和交接时间。另外，通过整合使跨职能工作团队成为基本单位。跨职能工作团队是由企业内具有不同专长的员工构成的，针对特定的工作任务或业务流程而产生，并具有监督、激励、约束等职能。跨职能工作团队是在工作任务划分的基础上产生的，实施自我管理，反应更加快捷、灵敏。

华为公司的跨职能工作团队可以针对消费者需求，组织团队成员共同分析市场需求、研究开发和组织生产。

第二步，按工作的先后顺序来设计工作流程。华为公司转变了运行方式，将传统的以职能为基础的组织机构和运作机制转变为以流程管理为核心的运行方式。这有利于实现公司对全过程的有效把控，消除传统管理中的弊端。

第三步，减少对工作的检查和控制。华为公司考虑对工作进行整体控制的原则之一是能满足成本经济的要求，以替代传统的墨守成规的日常监督，从而减少管理层次，实现组织结构的扁平化。

第四步，让员工做决策。华为公司让员工拥有决策权，这也就是说把管理工作的内容整合到每位员工的工作中，使员工在公司中的角色由受控制者转变为决策的重要考量。

① 资料来源：胡国辉. 现代企业组织变革新方向：流程组织刍议[N]. 安徽农业大学学报（社会科学版）] 2005-10-28.

　　第五步，"以客户心为心"来完成工作。华为公司要求员工以客户认为最有效率的方式来完成工作，使经过重新设计的工作流程能在提高客户满意度的基础上产生更高的效率。这一原则的实施更容易与客户需求接轨。因为它改变了绩效评价的标准，从衡量活动过程转变为衡量绩效结果。从客观上看，并行的长处在于将整体工作分割为业务单元，各业务单元同时进行，可以缩短工作周期。与此同时，华为公司充分利用现代网络通信技术、共享数据库和远程会议，协调并行的各独立业务单元的活动，确保了各业务单元的协同推进。[①]

　　相对于传统组织而言，流程型组织能够有效提升员工的积极性，进而提高工作效率，保证企业战略的有效实施。

人才锐化

　　通用汽车副总裁马克·赫根（Mark Hogan）说过："记住，是人使事情发生。世界上最好的计划，如果没有人去执行，那它就没有任何意义。我努力让最聪明、最有创造性的人在我周围。我的目标是永远为那些最优秀、最有天才的人创造他们想要的工作环境。如果你尊敬人并且永远保持你的诺言，你将会是一个领导者，不管你在公司的位置高低。"

---

　　① 资料来源：人人都是产品经理. IPD | 华为流程体系：如何做好流程管理？[EB/OL]（2022-09-06）[2022-11-29].https://baijiahao.baidu.com/s?id=1743211748825881923&wfr=spider&for=pc.

华为的任正非也说过："人才不是华为的核心竞争力，对人才进行有效管理的能力才是企业的核心竞争力。"

所谓人才，是指具有一定的专业知识或专门技能，能够满足岗位能力要求，进行创造性工作并对组织发展做出贡献的人，是人力资源中能力和素质较高的员工。人才在企业经营、管理、技术、生产等方面起着重要作用。**人才锐化是不断地基于企业的战略，定义企业的人才战略并通过设定人才标准，提高人才密度，打造一支支持企业战略增长的人才铁军。**[①]

（1）人才战略

企业应该根据自己的战略厘清与之匹配的人才战略，表7-1罗列了不同战略类型的人才战略。

表7-1 不同战略类型的人才战略

战略类型	人才战略	特征
成本领先	金字塔战略	找专业领域的人才，实现战略增长突破 底层人员重在执行，强化控制成本
创新驱动	哑铃战略 （产品创新型）	采取人才投资战略，围绕研发和营销两端配置充足的专业人员，甚至形成人才冗余 发挥员工自我决策、自主管理的作用，重视团队建设与授权
	纺锤战略 （服务创新型）	人才结构主要由创新型的人才构成，占人员的很大比例，配置少量高层人员引领战略方向及少量基层人员配合基础性工作
资本领先	倒金字塔战略	业务驱动主要靠顶层核心人员的资源与资本驱动，搭配少量基础工作人员
平台锁定	圆心战略	核心群体绝对的优势和稀缺性，其他配合人员占大多数，但工作要求相对基础和简单

---

① 冉涛. 华为人才秘密：这一类人，必须开掉[EB/OL]（2021-10-28）[2022-11-29].https://cj.sina.com.cn/articles/view/2268916473/873ceaf902700z86f.

（2）人才标准

企业应该建立选人的高线和低线。

所谓人才高线，是指企业的领军人才，他们拥有能够带领企业未来成为行业第一所需的人才特质，也是综合型人才，为企业开疆扩土，其职责与企业战略目标的实现密切相关，决定企业的深度和长度，具备岗位的高绩效表现，具备可移植性、可持续性，具备企业家特质，有强烈的好奇心，勇于决断。领军人才是促成企业成为世界领先集团的人才密码，是推动企业未来战略实现所需关键人才的共性基因，需要支撑战略突破的顶级人才。

所谓人才低线，是指企业的关键人才，具有过去带领企业实现成功的关键人才的共性特质。作为管理型人才，他们重管理能力和沟通协调拉资源的能力；作为强专业型人才，他们重技术水平，并在某领域专业基础理论扎实，实操能力强。关键人才是企业核心人才的录用标准、门槛，是促成过去成功结果的那一群人身上所拥有的共性基因，是企业成功经验的总结和提炼。只有企业低线人才队伍不断壮大，人才充足率不断提升，才是延续企业过去成功的根本。

华为公司通过对早期100多位精英的素质共性进行提炼总结，提炼出领军人才的五项素质，详见表7-2。这五项素质是土生土长的华为人才基因，被广泛应用于华为的人才评估与招聘，通过大量实践得以验证，对优秀人才评估具有普遍共性。华为所有杰出代表均在五项素质上得以验证。

表7-2 领军人才的五项素质

素质项	1级	2级	3级	4级
主动性	**不主动** 不会自觉地完成工作任务，需要他人的督促，不能提前计划或思考问题，直到问题发生后才能意识到事情的严重性	**主动行动** 能主动行动，自觉投入更多的努力去工作，不需要别人督促，只要分配给他工作，他就会自觉地投入时间去做	**主动思考，快速行动** 及时发现某种机会和问题并快速做出反应。不仅能快速自觉地工作，而且会主动进行思考，预判某一种情况，然后采取相应的行动	**未雨绸缪** 不会等着问题发生，而是未雨绸缪，提前行动，规避问题甚至创造出机会来
概念思维	**想不清看不明** 不能准确而周密地考虑事物发生的原因，或者不能根据已有的经验或知识对当前所面临的问题做出正确的判断	**简单类比** 根据经验进行全面认识：审视手头的信息时，能够看到事物的全貌、发展趋势，或发现整体中缺失（或没有显现出来）的部分；能够辨别当前情况同过去的经历的相同之处和不同之处	**触类旁通** 运用复杂概念的能力：能够借助学习到的理论知识、对事情发展趋势的总结和过去在处理其他问题时所取得的经验，对眼前的问题进行整体分析和处理；将所学到的复杂概念及方法加以修改并灵活运用，以适应具体情况	**深入浅出** 将复杂的情况或观点简单化、通俗化，能够清晰有效地解释；能把各种想法、问题及观察的结果"拼装"成清晰好用的说明；能够用更加简洁的方法阐述所学到的知识和所观察到的现象
影响力	**不能影响** 不能清楚地表达自己要说的内容或不能说服别人听从自己的观点	**直接说服** 通过向别人讲述理由、证据、事实、数据等，直接说服别人，或者给别人留下好的印象，以便获得别人的认可	**设身处地** 能换位思考，站在他人的角度，用他人的话去解决自己的问题，或同时采取多种方式影响他人	**综合策略** 运用复杂的策略影响他人或通过微妙的幕后操作使他人接受自己的观点

续表

素质项	1级	2级	3级	4级
成就导向	**安于现状** 安于现状，不追求个人技术或专业修养方面的进步	**追求更好** 努力将工作做得更好，或达到某个优秀的标准	**挑战目标** 为自己设立富有挑战性的目标，并为达到目标而付诸行动	**敢冒经过评估的风险** 在仔细权衡代价和利益、利与弊的基础上做出某种决策，为了获得更大的成功，敢于冒险
坚韧性	**扛不住** 不能控制自己的情绪，经受不了批评、挫折和压力，稍微遇到点压力就选择放弃	**压不垮** 在工作中能够保持良好的体能和稳定的情绪状态；面对挫折时能够克制自己的消极情绪（愤怒、焦急、失望等），努力坚持，不言放弃	**干得成** 不仅能在艰苦的环境中顶住压力，而且一定能把事做成，克服困难后会带来好的结果	**解除掉** 通过建设性的方式消除他人的敌意或保证自己情绪的稳定，不受压力的影响，能把压力解除，顺利完成任务

（3）人才密度

人才密度通俗地说就是"人才能力密度"，有两层含义：一是用以表示企业内人才的密度，即所有人员中真正人才的占比，代表企业内是否良将如潮；二是人才能力的密度，即每个人才身上的能力究竟有多突出，代表每个人才的水平如何。

里德·哈斯廷斯（Reed Hastings）是网飞的创始人兼CEO，在他的著作《不拘一格：网飞的自由与责任工作法》中提到了人才密度的概念。

网飞的核心竞争力不是技术，也不是运营，而是创意。创意领域和操作性领域最大的不同在于：在操作性领域，比如面包师之类的一流人才创造的价值可能是普通人才的两三倍；而在创意领域，比如作家、导演，一流人才创造的价值是普通人才的几十倍、几百倍。因此，网飞的人才策略是花高价聘请一个明星员工来替代十个资质平平的员工。

同时，哈斯廷斯认为，低人才密度带来"消耗管理者的精力，浪费管理资源""讨论质量无法保证，拉低团队整体智商""导致工作效率低下""排挤其他追求卓越的员工"，以及"向团队表明，接受平庸使问题更加严重"等问题。

因此，为了提高人才密度，网飞公司的做法是果断辞退表现平庸的员工，打造精英工作氛围；用高于市场价的薪酬待遇留住顶级人才；通过"员工留任测试"打造高绩效团队。[①]

做实文化

企业文化是所有团队成员共享并传承给新成员的一套价值观、共同愿景、使命及思维方式。它代表了组织中被广泛接受的思维方式、道德观念和行为准则。

企业文化对战略执行力有着较为显著的影响。在企业发展中，员工能够为企业创造更大的财富，并且各项战略计划的实施都离不开员工的支持。企业文化能够对员工产生引领作用，能够真正提高员工的执行

[①] 资料来源：小金菇. 把员工当成真正的成年人《不拘一格》第1讲[EB/OL]（2022-05-17）[2022-11-29].https://view.inews.qq.com/k/20220527A01Z3O00?web_channel=wap&openApp=false.

力。所以，企业战略需要在企业文化熏陶与引领下执行。同时，决策层领导者的态度与能力也影响企业文化的形成。如果领导者果断严肃，则更易形成"狼性文化""刚性文化"；反之，倾向于生成"柔和文化"。战略执行力与企业文化有关，而企业文化又会受到领导者素养的影响。所以，企业在后期提升执行力时，也要积极转变领导者的管理观念。

现实中，由于缺乏执行文化，导致战略执行失败的案例数不胜数。

20世纪60年代，随着战略管理的发展方兴未艾，各种新的战略管理思想和工具层出不穷，但是战略执行这一问题一直没有引起理论界的广泛重视，企业的战略执行情况并不理想。许多企业的文化是僵化的，无法与企业的内部和外部环境相适应，而企业内部缺乏有效的执行力，员工的工作散漫，缺乏自我约束，导致企业的战略执行效率低、效果差。

在经历了日益激烈的市场竞争之后，王府井百货集团的高管们在1996年就开始了一项战略性改革。他们分别聘请了麦肯锡、安达信为集团制定了一套连锁运营方案，并建立了计算机管理信息系统。1997年，由麦肯·光明广告有限公司承担该企业的营销及整体广告规划任务。然而，这一切都没有得到有效的执行。

产生这一现象的主要原因在于，缺乏对战略行动的响应能力，导致战略规划被拖延，最后只能取消原有规划。

企业文化建设具有润物无声的特性，事关企业的健康、长远发展。如果企业文化不能承担企业战略、经营目标的要求，那就有必要建设系统的、可持续发展的企业文化。

一般来说，企业文化建设可以从以下几个方面着手：

（1）基于战略落地，打造系统的企业文化体系

企业文化的价值取决于其与企业战略的协调和匹配程度。

企业文化是企业战略目标实现的驱动性因素，是企业运转的导航系统，也是企业经营的哲学，需要顶层设计和系统规划，更需要渗透日常管理工作的方方面面，这样才能真正发挥作用。

为使企业战略落地，在打造系统的企业文化体系时，应涵盖表7-3所罗列的内容：

表7-3　企业文化应涵盖的内容

大项		细目
企业文化准备	1	确定企业文化建设的共识
	2	创建企业文化项目小组
	3	制订企业文化建设计划
	4	企业文化管理层研讨会
	5	企业文化建设动员大会
企业文化诊断	1	企业外部环境调查
	2	企业文化现状调查
	3	企业文化诊断
	4	企业文化差距分析
企业文化战略性规划	1	明确企业文化建设目标
	2	管理型企业文化整体架构设计
	3	企业的基本战略
	4	企业的价值观体系（核心价值观提炼）
	5	企业的行动规范
	6	企业的管理方略
	7	企业的形象设计
	8	企业的文化联想物
	9	企业文化手册（或企业基本法等）

续表

大项		细目
企业文化实施	1	企业文化实施方案设计
	2	企业文化管理机构设计
	3	企业文化运行机制设计
	4	企业文化内部传播
	5	企业文化外部传播
	6	企业文化方案的绩效评估与修正

（2）服从并服务于企业战略

企业文化建设要服从并服务于企业战略。在激烈的市场竞争当中，企业战略对企业的改革发展具有重要意义。企业文化必须符合企业战略的要求，如果企业文化脱离了企业战略，就没有任何意义。因此，企业要在以人为本、安全发展、可持续发展、和谐发展、生态发展等先进思想的指引下打造与现代企业战略相适应的企业文化。

（3）大力宣传企业文化，增强员工的认同

纵观我国有百年以上历史的企业，无不具有优秀的企业文化。企业文化建设的目的就是将企业理念转化为制度建设和行为规范，使广大员工能够正确理解、真正认同并自觉践行。因此，企业在建立了企业文化之后，就要大力宣传企业文化，使广大员工增强对企业文化理念的认识和认可，提升全体员工的企业责任感与荣誉感，增强企业内部的凝聚力，进而转化为企业战略执行力。

（4）积极强化企业文化的感召力

企业要积极运用企业网站、期刊、简报、公众号等大力宣传企业文化，让企业文化深入员工的心中。企业还要不断丰富员工的文化生活，使企业文化气息融入每个员工的脑海中，借助企业文化树立企业及品牌形象，以行为文化提升士气、形象。

（5）让企业文化融入管理之中

管理是每个企业都非常关注的问题，企业文化需要融入管理之中。企业文化不但要体现在宣传上，而且要体现在日常管理当中。企业的管理过程就是企业文化的宣传过程，不仅要让员工认同企业文化，还要让员工意识到如何做才能符合企业文化的要求。企业文化应该体现在企业管理的全过程。①

2022年10月10日，国际数据公司（IDC）发布第三季度全球PC市场统计数据。2022年第三季度，全球PC发货量总计7420万台，其中联想出货量为1688万台，市场排名第一。

在传统PC市场持续下滑的时候，联想能够稳坐出货量第一把交椅，这得益于它在企业文化引导下的企业战略执行力。

柳传志曾说："我有一个心愿，就是把联想办成一个'没有家族的家族企业'。文化是除资本之外，连接这个家族的重要纽带之一。希望这条纽带能把成员企业更紧密地联系在一起，也希望这条纽带能把个人的追求与企业的发展更紧密地联系在一起。这样我们就会更加稳健地迈向更大的目标。"联想之所以能够取得骄人的成绩，就在于其把个人追求与企业发展紧密联系起来的企业文化。"把员工个人追求融入企业长远发展之中"是联想文化的精髓。

当然，联想文化与管理思想的内涵是非常丰富的，这体现在它的核心理念、用人观、大局观、发展动机理论、联想好员工标准、企业精神、企业道德等方面。联想正是在其企业文化的指引下，大踏步迈向其核心目标（高科技的联想、服务的联想、国际化的联想）的。

---

① 孙红雨. 发挥企业文化对企业发展的引领与推动作用[J]. 城市公共交通. 2017（11）:15-16.

稻盛和夫说："优秀的企业文化是中小企业获得发展的重要根基。《财富》杂志也明确指出过：世界500强的企业每一家都善于给企业文化注入活力。联想的企业文化告诉我们，企业文化不是虚的，它是能够影响员工的行为，提升员工的执行力，并达成企业战略的。[①]

变革深化

从严格意义上来说，变革管理应该属于战略规划的核心内容之一。我们在战略执行中对其进行描述，本意是想突出变革管理对于战略执行落地的重要意义。

根据多年的实践，我们归纳总结出组织变革通常会经历的6个阶段（Stage），如图7-2所示。

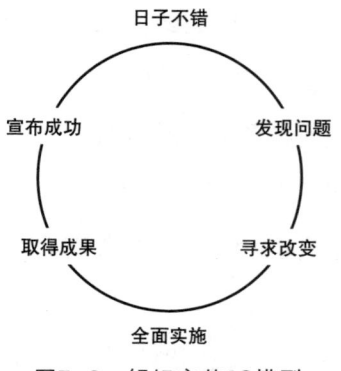

图7-2　组织变革6S模型

---

① 资料来源：公文素材. 联想企业文化.[EB/OL]（2021-04-11）[2022-11-29]https://www.cncv.tv/info/link/1058526.html.

日子不错（S1）。在这个阶段，很多人会认为企业的前景很好，日子过得不错，也有很多人会隐约地感觉到似乎有些不一样，但具体什么地方不一样，又说不清楚。这主要源于两个方面：第一，很多人过于自信或是安于现状，或是缺乏问题意识和变革意识；第二，在面对很多不确定性以及很多零散信息时，大部分人没有建立系统的认识或者看不清楚。

在这个阶段企业要思考的问题："我们面对的竞争压力和发展机遇是什么？我们的顾客有什么需求？我们的股东有什么期望？我们能正视现实吗？"

发现问题（S2）。部分先行者（通常是管理层）的问题意识越来越强，对变革的诉求越来越急迫，对变革的重要意义理解得越来越深入，就会着手进行"拼图活动"，也就是把零散的信息进行整合。此时，真正的问题不断地浮出水面，想要的目标渐渐清晰。

在这个阶段企业要思考的问题："我们真正的危机是什么？我们想要去哪里？我们应当强调短期目标还是长期目标？我们的差距在哪里？"

寻求改变（S3）。当问题清晰、目标明确后，企业往往开始"寻求改变"。通常企业会组成变革管理团队探索可能的行动方案或者寻求外部资源的帮助来设计可能的方案。此时，企业必须有明确的绩效改善举措组合，这些举措在时间掌握和熟悉度方面要有很好的平衡。这就意味着要避免一些陷阱，比如过于冒险或过度小心谨慎。

在这个阶段企业要思考的问题："我们需要做些什么？我们需要哪些资源？"

全面实施（S4）。在"发现问题"和"寻求改变"阶段，通常需要几个月的时间，而"全面实施"阶段需要很长一段时间。我们不认为这很漫长，尤其是在有时感觉已经进行了一段时间，但又看不见尽头的时候。在这个时候，从荀子《劝学》中的名言就可以得到安慰了："锲而不舍，金石可镂。"

在这个阶段企业要思考的问题："我们推进的策略是什么？我们是否通过经常性的考核来找出哪里可以做出调整？"

取得成果（S5）。这一阶段在变革管理中略显突兀，但是在我们看来这一阶段非常重要。我们纵然有"锲而不舍"的精神，但是依然需要在全面实施中不断地"定义成果"。哪怕是小小的成功，也是值得总结和庆祝的。这是很多企业容易忽略的。这一阶段也意味着给团队找个理由进行庆祝。

在这个阶段企业要思考的问题："如何定义成果？时间节点如何更加合理？"

宣布成功（S6）。项目有明确的起点和终点，当项目按照预定的节点完成后，我们就要宣布项目成功。通常项目成功后就会自然而然地进入另一个新的循环，周而复始，螺旋上升。

项目的产出不一定能够转化成有效的运营能力。项目产出变成有效的运营能力意味着有很多人接受了项目产出，并在日常运营中使用；有管理系统来支撑项目产出的高绩效运营；建立测量指标确保新过程及运营效果的生命力；有新的系统来支持变革后工作的执行；变革后的工作执行者有合适的途径和机会提出问题、建议并能获得应答。

为了做好这项工作企业应该考虑：持续培训要求或新能力发展要求；用于识别和应对问题的方法；对定期评价的要求，以确保接受率不断地提高；定期评价工作小组和工作过程之间的知识转移进度。

在这个阶段企业要思考的问题："成果如何持续？变革如何成为文化？"

华为30年发展的关键总结是**"边打仗，边建设"**，内部简称**"高速中换轮胎"**，持续对目标饱和攻击，一切为了胜利，通过持续变革迭代组织能力适应战略落地的需要。

华为在引进世界领先企业的先进管理体系的过程中，总结出并始终遵循管理变革的"三项坚持"和"七个反对"的原则。

坚持"先僵化、后优化、再固化，持续简化"的原则。先僵化是"削足适履"，后优化是厘清事物本质，根据自身情况进行调整，再固化是形成标准、流程并IT化，持续简化是不断地除去冗余的流程和动作。

坚持"小改进、大奖励，大建议、只鼓励"的原则。华为坚持"小改进、大奖励"的政策，鼓励员工立足本职岗位把工作做实，在小改进的基础上不断归纳、综合分析，不断提升公司的核心竞争力。

坚持"改进、改良和改善，持续地推行管理变革"的原则。华为坚持改进、改良和改善，提倡循序渐进、继承与发扬，以及改良；反对大刀阔斧、急躁冒进，因为牵一发而动全身，随意的改进会带来高成本。虽不提倡"萧规曹随"，但是任何新的主管上任都不能大幅度地推翻前任的管理，在华为新任主管的变革超过一定的限度就会被弹劾。

任正非在管理变革层面的主要思维模式是改良。他主张改良、灰度管理，不追求完美。2008年，他提出了变革要坚持的七个反对原则：

· 坚决反对完美主义；

· 坚决反对烦琐哲学；

· 坚决反对盲目的创新；

·坚决反对没有全局效益提升的局部优化；

·坚决反对没有全局观的干部主导变革；

·坚决反对没有业务实践经验的人参加变革；

·坚决反对没有充分论证的流程进行实用。[1]

为了组织的变革成功，就必须要有力量驱动组织从一个阶段到下一个阶段，我们把它定义为变革过程驱动力6A模型，如图7-3所示。

图7-3　变革过程驱动力6A模型

意识（Awareness）。从"日子不错"到"发现问题"，这个阶段要跨越的是"意识"——问题意识、危机意识等。从现状审视中看到威胁、机会、变革的必要性。

企业要思考的问题："团队有问题意识、危机意识和改善意识吗？如何保持团队的这些意识呢？团队意识到变革的重要性和必要性了吗？"

渴望（Aspiration）。很多人意识到变革的重要性，可是却没有丝毫改变的意愿。因此，从"发现问题"到"寻求改变"要跨越的是"渴

① 资料来源：正和岛. 任正非：企业变革中的七个"坚决反对"[EB/OL]（2018-08-07）[2022-07-10].https://finance.ifeng.com/c/7fgnsXFmgoS.

望"，也就是在多大程度上愿意改变。

强烈的渴望会加强行为者对这个改变的期待。此时，改变的驱动力会从外部影响转换为自我期待，期待改变成真。我们在辅导约谈时都会问对方几个问题"您想要的是什么？""这为什么这么重要？"以此来核查对方对这件事情的渴望程度。

企业要思考的问题："我们的团队参与变革的意愿度如何？"

接受（Acceptance）。当大家都渴望实施变革时，从"寻求改变"到"全面实施"就会遇到一个问题："大家对方案是否'接受'？"在这里员工通常会有一些顾虑："我不了解方案""我不认可你这个人""其他人对此怎么看"。

企业要思考的问题："团队成员了解方案吗？能够接受方案吗？"

能力（Ability）。当大家都接受了变革的方案时，会投入"全面实施"中。此时，要想"取得成果"，企业必须处理一个非常重要的现实问题，员工、组织能力等。

企业要思考的问题："团队成员的能力是否胜任新的岗位？"

激情（Ardor）。取得成果通常在试点开始以后。虽然，前边介绍过共创愿景、提升意愿、解读方案、提升能力，要用积极的态度去应对，但是从试点到扩展直到项目"宣布成功"，依然会遇到很多障碍。常见的障碍包括：冷嘲热讽、内部沟通出现问题，以及对企业员工的情绪状态缺乏了解。这些障碍会令员工失去"激情"。

因此，变革管理者要始终注意保持员工的"激情"，让项目迈向成功。企业要思考的问题："我们的团队还有足够的激情吗？"

深化（Advancement）。项目"宣布成功"，并不是结束，而是另一个新的开始。很多企业在宣布项目成功后面临几个典型的问题：一是进入另一个舒服区，失去了问题意识；二是项目的成果不能固化，成果很难保持。所以，在企业"宣布一个项目成功"并准备新一轮的开始前，需要把原有的变革项目不断地"深化"。

6A模型涉及的"深化"更加关注人。就员工而言，要关注他们的内在发生了哪些变化；就管理者而言，更重视是否具备一种正确的领导力。企业要思考的问题："是否培养出了一支坚定的领导者队伍？"

案例解析：华为的人才战略

1997年，在《华为基本法》的起草过程中，任正非被起草小组的一位成员问道："人才是不是华为的核心竞争力？"任正非的回答出人意料："人才不是华为的核心竞争力，对人才进行管理的能力才是企业的核心竞争力。"

一直以来，华为始终认为人才是资本，而非成本。同时，华为还强调人力资本增值优先于财务资本增值。"抓住了战略机会，花多少钱都是胜利。"任正非说这话的意思是，资本可以通过抓住战略机会点来实现增值，即所谓的选对了"赛道"。但他的言外之意是，人才战略要围绕战略机会点的获取和战略控制点的构建，抢先竞争对手在人才上投入，甚至是"垄断"人才。这种先期投入从财务报表看会减少当期利润，但是无疑为未来的增长和收益夯实了基础。

作为一家真正全球化的企业，华为敢于在留人、用人和管理上投入真金白银，这在业界也是十分出名的。多年来，华为先后在印度、瑞典、美国、俄罗斯、意大利、以色列、法国、英国、日本、韩国等建立了能力中心，形成全球化的人才生态链，最大限度地网罗"黑天鹅"，捕捉"黑天鹅"带来的 ICT（Information and Communications Technology，信息与通信技术）科技跳变。例如，华为为了留住微波专家雷纳托·隆巴迪（Renato Lombardi），专门在米兰成立了华为微波研究所，满足了他离开西门子加入华为后仍在米兰工作的心愿。再后来，隆巴迪的微波研发团队不负众望，快速把华为的微波技术优势提升到全球第一的水平。未来，随着5G大规模地组网商用，运营商采用5G微波建网，可以将建网时间缩短70%，降低近40%的TCO（Total Cost of Ownership，整体拥有成本）。第三方数据显示，在全球的微波传输市场，华为市场份额达到近35%，力压诺基亚和爱立信，可见华为的微波技术确实做到了引领的地步。

笼络来人才后，华为是怎样达到人尽其才、物尽其用的呢？华为认为："最大的浪费是经验的浪费。"在具体操作层面，华为通过总结前人犯过的错、踩过的坑，最大限度降低试错风险，并将经验复制和传承下去，是推动人力资源高效增值的有效手段。此外，华为不迁就人才，通过适度的人才"冗余"和储备激发，以"鲶鱼效应"激活组织的活力。如华为人才储备实行的是"长板凳"计划，意味着每个人随时可能被"替换"，进而可以倒逼人才持续为企业做出更大的贡献。

在人才的使用方面，华为一直认为"蓬生麻中，不扶自直"，致力于为人才的成长提供一个高效运作的平台。因为成熟的人才管理体系能够持续支撑业务的增长，能够让人才发挥出更大的效率。也正是因为有这样的平台，人才加入后就必须提升自我，最终把"士兵"变成"班长"，把"班长"变为"将军"。

在华为人才发展的金字塔模型中，左边是管理人才发展通道，右边是专业人才发展通道，都有各自对应的任职资格标准和人才"选、用、育、留"流程，牵引各类人才的成长和职业发展。任职资格是华为的一项管理创新，是针对相应层级岗位的员工能力的一个评估体系。任职资格最基本的目的是因才施用，任职资格是人岗匹配的前提条件。此外，华为还有三支关键的人才队伍：干部队伍、专业员工队伍、新员工队伍。抓住关键对这些人进行培育和磨炼，就可以较好地促进公司的盈利与增长，也是华为持续成长的关键。

华为认为，干部担负着公司的管理责任，通过管理面向市场做要素整合，支撑公司商业成功和长期生存。干部的使命与责任就是践行和传承公司文化和价值观，以文化和价值观为核心，管理价值创造、价值评价和价值分配，带领团队持续为客户创造价值，实现公司商业成功和长期生存。因此，华为根据企业的战略导向挑选合适的干部，选择合适的干部引领企业和变革的成效。例如，为了应对消费者业务从 ODM 自品转型的挑战，华为选择余承东担任负责人。

在提升"狼性"方面，任正非说，"华为干部不是终身制，公司不会迁就包括本人在内的任何人，末位淘汰是日常绩效考核工作体系，烧不死的鸟都是凤凰"。为此，华为确立了"干部是自己打出来的"这一干部选拔理念，形成了在成功实践中选拔干部、在关键事件中考察干部、在战斗中磨砺干部的干部管理机制，打造了一支具有高度使命感和责任感，敢于担当、勇于牺牲，带领企业前行的"火车头"队伍。因此，华为的干部管理采用的是"责任制"和"淘汰制"，而不是"竞聘制"和"培养制"。

在专业人才的培养方面，华为以解决重大技术问题、开展客户价值创新为导向，推动经验输出共享、人员培养"传帮带"等优良传统。尤其是对于专家类人才，强调必须有成功的实践经验，而且不断在垂直循环华为任职资格体系来牵引人才的发展，充分为技术人才提供舞台，如果能力和绩效达到了要求，就会得到更高一级的职位、薪酬和待遇，当然也承担相应的职责。

华为在人才梯队建设上，坚持优胜劣汰的赛马文化，鼓励优秀人才脱颖而出，及时清理低绩效与惰怠员工。在学习与发展方面，华为坚持员工对自我发展负责，通过任职资格牵引，训战结合、实践发展的方式提升人才的岗位技能，构建起比较完善的人才管理体制。

华为的人才培养理念是"最优秀的人培养更优秀的人"。因此，华为的中高级人才除了要达成工作目标，还要达成人才发展目标。华为通过战略预备队的训战，来实现员工的知识更新和能力转型，呼唤更多人在最佳时间以最佳角色做出最佳贡献，公司也给予每个人相应的回报。这也是很多企业要学习的经验和长处。

第 8 章

CHAPTER 8

发挥战略的力量

时代呼唤战略的力量，企业需要发挥战略的力量。

企业要发挥战略的力量，就要将战略规划与执行融为一体，打通从战略规划到执行的流程。企业领导者要身怀战略指南针，修炼战略领导力，要勇往直前。这一切终将成为"企业增长的引擎"和"自身发展的助推器"。

端到端思维

端到端源自网络连接概念。1960年，保罗·巴兰（Paul Baran）和唐纳德·戴维斯（Donald Davidson）在分组交换网络工作中提出了端到端的概念。1970年，路易斯·普赞（Louis Pouzin）率先在CYCLADES网络中使用了端到端策略。1981年，萨特泽（Saltzer）、里德（Reed）和克拉克（Clark）首次明确阐述了端到端概念。

端到端原则，让互联网变得简单，并得到快速发展。伴随着数字经济体量的不断增长，企业管理领域逐步发展起来的端到端流程管理，也开始影响越来越多的企业。MBA智库对"端到端"做出了如下解释：

> 端到端流程是从客户需求端出发，到满足客户需求端去，提供端到端服务，端到端的输入端是市场，输出端也是市场。这个端到端必须非常快捷、非常有效，中间没有"水库"，没有"三峡"，流程很顺畅。如果达到这么快速的服务，降低了人工成本，降低了财务成本，降低了管理成本，也就是降低了运作成本。其实，端到端的改革就是进行内部最简单的、最科学的管理体系的改革，形成一支最精简的队伍。

在现实世界里，很多流程都是"段到段"的。以原来的高速公路为例，如果从青岛出发驾车去北京，首先在青岛高速公路收费站领卡，接着交卡付费驶出山东省管辖区，然后进入河北高速公路收费站领卡，接下来交卡付费驶出河北省管辖区，再进入北京高速公路收费站领卡，最后交卡付费驶出北京高速公路。高速公路本身是畅通的，原则上一次领卡、一次缴费就可以，但是因为地域管辖权被截成了3段。"铁路警察各管一段"说的就是这个意思。

在企业中，这样的案例也有很多。迈克尔·哈默（Michael Hammer）的《端到端流程：为客户创造真正的价值》一书中有这样一个案例：

> 空调制造商特灵（Trane）的一个部门中，客户订单在从客户服务到产品设计，再到工业工程、调度及生产的流程中，都会面临

无休止的争论，因为每个部门有自己的议程和关注点。这显然是"段到段"思维。因此，为了解决问题，公司也创建了一条龙工作小组，其中包含每个团队的专业人员，他们聚在一起负责从头到尾处理整个订单，最终完成订单的时间减少了约70%。通过快速完成订单，特灵空调得以大幅减少库存，节省宝贵的现金流。它还能帮助客户降低库存水平，因为客户等待送货的时间减少了。快速完成订单，就可以更快地向客户发出账单并更快获得付款，甚至可能在你向自己的供应商付款之前。这样通过一条龙工作小组就将原来的"段到段"整合成"端到端"。

随着企业规模不断扩大，华为公司也发现部门之间各自为政，甚至山头林立。因此，任正非提出：一定要解决流程断头的问题，端到端一定要打通，踏踏实实建立流程体系。流程很重要，一定要实现端到端。

在战略管理中，存在着典型的"段到段"的现象，就是战略规划和战略执行两张皮。因此，要想充分发挥战略的力量，就需要构建端到端的战略管理流程——从战略规划到执行的流程。

构建从战略规划到执行的流程

为了构建从战略规划到执行的流程，我们可以借鉴华为的经验。图8-1是华为战略规划到执行（Develop Strategy to Execution，

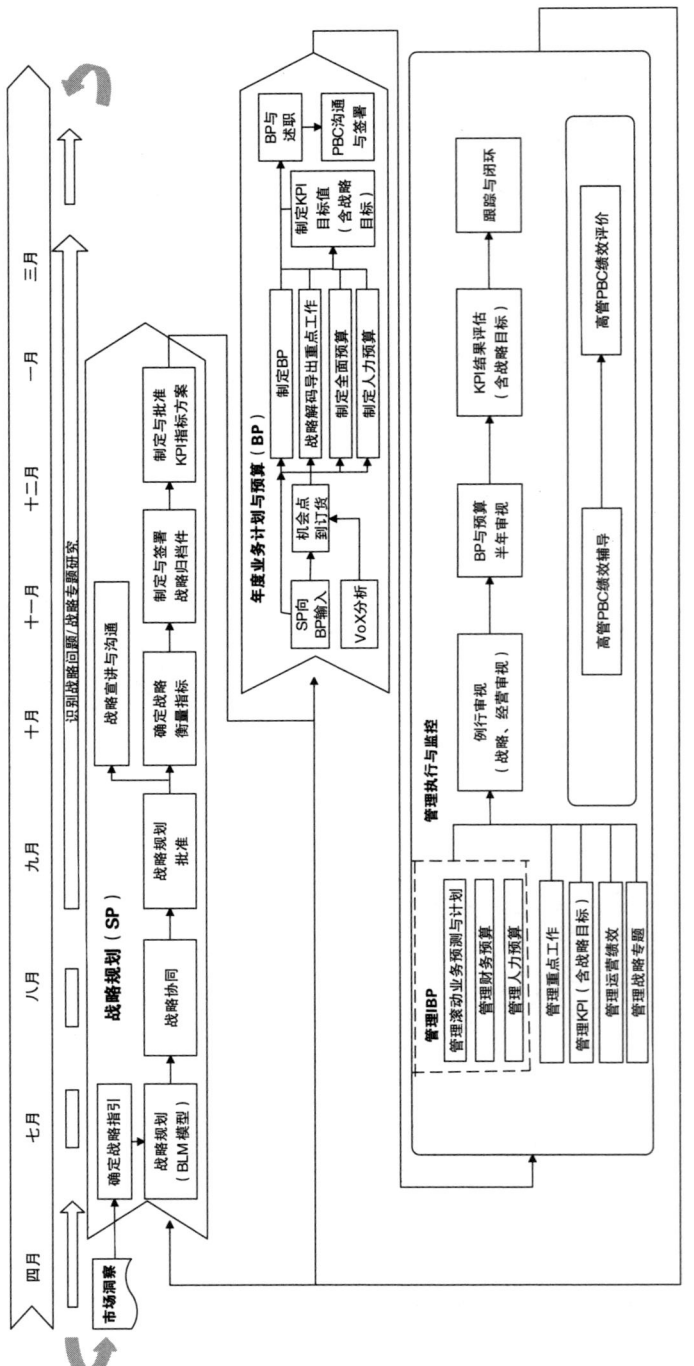

图8-1 华为DSTE的逻辑图

DSTE）的逻辑图。在整体DSTE的流程中，还有3条关键的子流程，分别是：战略规划子流程、年度业务计划与预算子流程，以及管理执行与监督子流程。

战略规划（Strategy Plan，SP）通常是指3～5年的中长期发展规划。在华为，战略规划通常是从每年的4月启动的，所以又称为春季规划，持续到9月底，SP的核心任务是输出机会点业务设计，包括客户选择与价值定位、利润模式、业务范围、战略控制点、组织等。SP输出的成果包括3-5年战略方向、3-5年财务预测、客户和市场策略、解决方案策略、技术与平台策略、质量策略、成本策略、交付策略等。

年度业务规划与预算（Business Plan，BP）是指下一个财政年度的规划。在华为BP通常会在10月启动，所以又称为秋季规划。年度业务规划与预算通常会持续到第二年3月。BP输出的成果包括机会点到订货（包括市场目标、策略、行动计划）、年度重点工作、全面预算和人力预算、组织KPI和个人PBC等。

由上文可见，SP有点像论文，长篇大论地描述组织未来3-5年的发展规划，需要根据市场洞察识别的机会进行大胆假设，充分体现了战略规划的艺术性。BP更像是数学题，将战略规划落实为可以实施、能够取得经营成果的管理动作，需要小心求证并保持着务实的乐观。图8-2很好地阐明了SP与BP的关系。

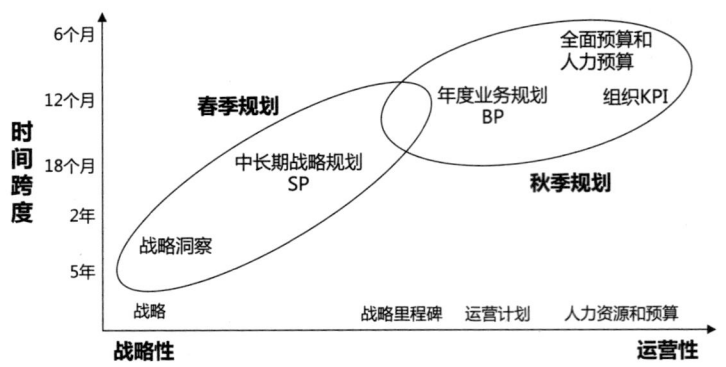

图8-2　SP与BP的关系

管理执行与监督是例行化工作，通过经营分析会、季度或半年审视会进行年度计划的跟踪与闭环。管理执行与监控的主要内容包括管理IBP（Integrated Business Plan，集成经营计划）、管理重点工作、管理KPI、管理运营绩效和管理战略专题等。

附录2给出了我们帮助企业建立的战略从规划到执行的流程图，企业可以参照设计自己的流程。

是否需要首席战略官

根据德勤摩立特与凯洛格商学院的联名研究（2020 Chief Strategy Officer Survey），首席战略官在我国仍是一个小众群体，虽然在快速发展中，但是这与国外已经逐渐普及开来并进入董事会相比，仍然是新生事物。

时隔两年，如果你打开网页搜索"首席战略官"会出现很多相关的新闻，下边我们摘录了三个公司的相关新闻。

2022年3月10日，明略科技宣布，任命张斯成为首席战略官（CSO），向明略科技创始人兼CEO吴明辉汇报。据悉，张斯成将负责公司的战略制定和落地、市场趋势研判及洞察、产品与市场规划、生态建设与管理等工作。[①]

梅赛德斯-奔驰集团股份公司新设首席战略官一职，并任命高旭为集团首席战略官，于2022年7月1日生效。据悉，高旭履新后，全方位执掌梅赛德斯-奔驰集团战略，其核心角色之一是将各亚洲关键市场，特别是中国市场的独特需求和深度洞察融入梅赛德斯-奔驰集团的战略业务决策中，直接向梅赛德斯-奔驰集团全球总裁康林松负责。新设首席战略官是奔驰最新战略规划中，革新企业架构的重要一环。2022年5月19日，奔驰在最新品牌战略规划中提到，未来集团将进一步聚焦豪华车型，升级产品阵容，加速"全面电动"，致力于结构性提升盈利能力。[②]

瑞幸咖啡官网8月8日发布声明，宣布任命安静为公司首席财务官，即日起生效。瑞幸咖啡表示，安静将接替Reinout Hendrik Schakel，后者自2019年1月以来一直担任瑞幸首席财务官和首席战

① 蓝鲸财经.明略科技宣布任命张斯成为首席战略官，负责战略制定和落地、市场趋势研判及洞察等工作.[EB/OL]（2021-03-10）[2022-11-29]https://baijiahao.baidu.com/s?id=1726884591885906293&wfr=spider&for=pc.
② 新民晚报.梅赛德斯-奔驰集团任命高旭为首席战略官.[EB/OL]（2022-06-23）[2022-11-30]https://baijiahao.baidu.com/s?id=1736415108188200301&wfr=spider&for=pc.

略官。声明称，Schakel将继续担任瑞幸首席战略官。[①]

虽然我们只是介绍了一部分企业，但是也不难发现，现在很多企业尤其是集团公司正在或正准备聘用"首席战略官"，或者成立"战略部"。

那么，企业是不是一定要有战略部或者一定要设首席战略官呢？我们的观点是，不管一个企业有没有"首席战略官"和"战略部"，但是一定不能没有战略经理。

我们之所以这样说，是从流程的视角去考虑的。只要企业有战略规划到执行的流程并且流程是端到端的，我们就建议企业应该有这一流程的所有者。这一流程的所有者，我们称之为"战略经理"。

那么，谁来担任"战略经理"合适呢？关于这个问题，没有定论。如果企业有首席战略官或者战略部，那么首席战略官或者战略部负责人可以担任此角色。如果没有，人力资源部经理、销售部经理等都可以出任"战略经理"。

请注意，"战略经理"属于流程体系中的"一条龙经理"，是负责战略从规划到执行的端到端流程的所有者。

群策群力共创战略

群策群力的工作方式源于GE电器。从本质上来说，群策群力是一

---

① 界面新闻. 瑞幸咖啡任命安静为首席财务官，Schakel继续任首席战略官.[EB/OL]（2022-08-08）[2022-11-30]https://baijiahao.baidu.com/s?id=1740591285256077773&wfr=spider&for=pc.

个很简单的概念，它有一个前提假设，就是最接近工作的人必然最了解工作。不管他们的职务和岗位如何，当他们的想法被当场激发出来并化为具体行动时，整个组织就会充满难以估量的活力、创造力和生产力。

GE每年举办很多场群策群力代表会议，所激发出的点子不计其数。它旨在以简明的方式打破官僚体制，并迅速解决组织问题。群策群力代表会让来自组织中的不同级别和职能部门的众多员工与经理人齐聚一堂，一起讨论他们发现的问题，或者高层主管关注的问题。

当然，群策群力不仅仅用于解决具体的问题，它更是实现授权的催化剂。它有助于建立一种快速反馈、创新和没有界限的文化。因为群策群力迫使管理者要与员工对话、迅速决策，而不是躲在办公室里发号施令。

我们在给企业提供战略管理咨询服务时，经常会用到这样的"群策群力"的方式。同时，我们还会把这种方式融入"战略规划""战略解码"和"战略复盘"中，我们称之为"群策群力共创战略"。

在《推动成熟信息技术企业的转型》一书中，来自美国科罗拉多大学的罗伯特·扎瓦茨基（Robert Zawazki）博士提出一个高效决策公式：

$$ED=RD \times CD$$
高效决策=正确决策 × 对决策的承诺度

扎瓦茨基博士认为，公式中的乘法符号表明，如果缺乏对决策的投入度，即便最佳的决策也可能完全失效，这种现象在战略管理中也不例外。

很多企业的战略都是总裁制定的，或者总裁带着高管团队制定的。总裁和高管制定战略有他们的优势，因为站在"山顶"上能高瞻远瞩。但同时有两大缺点：他们并不那么了解实际情况，比如对客户的实际需求、自身组织能力的理解都可能有偏差。往往上层制定的政策，到"山脚下"就很容易行不通。即使老板不官僚化，经常深入一线了解实际情况，制定出来的战略也得不到保障。因为广大的中基层干部和员工没有参与进来，没有参与就没有理解，没有理解就没有认同，就不可能创造性地把战略执行好。很多战略难以落地，就是因为缺少了执行人员的参与。

我们把这种战略制定方法称为"传统的方式"，也就是一部分人先制定战略，然后再让员工建立对战略的承诺度。

实际上，我们制定战略，不只是为了"把战略制定出来"，更是要**通过制定战略的过程，上下对齐、左右拉通，达成充分的共识**。因此，我们还需要第二种方法：邀请那些受到战略影响的人一起参与战略的规划，这样会增强这些人对于战略的承诺度。这种方法，我们称之为"共创式方法"。

任正非说，华为的作战组织，要保证一定比例的基层人员参与决策层。最高层司令部的"战略决策"，允许少量新员工参加；再下一层级叫作"战役决策"，如区域性决策、产品决策等，不仅是新员工，低职级员工也要占有一定比例。华为各个层级都实行"三三制"原则，要让一些优秀的"二等兵"早日参与高层决策。这样才能做到上下同欲、英雄"倍"出。**微弱的声音往往导向胜利**，我们要重视来自一线和组织内部一些"微弱的声音"，其中可能蕴藏着组织的正确方向。新生力量就像"鲶鱼"一样，把整个鱼群全激活了，因此迭代更新很容易。

总之，**战略要落地才能发挥战略的力量**。战略要落地就不能只靠顶层来制定，还要有自下而上（让一线能听到炮火的人将声音传给高层）、自上而下的多次反复对齐的过程。没有经过"自下而上"过程的战略，是无法落地的。

勇往直前

时代呼唤战略的力量，企业需要发挥战略的力量。这就需要不断地推动战略从规划到执行。就像理论和实践的关系一样，伟大的战略不能没有伟大的执行。企业会在不断地执行中对战略问题思考得更加成熟，正所谓"摸着石头过河"。同样，伟大的战略也能够促成更好的执行。因为员工都知道企业的发展方向，并得到了支持和如何协作的相关指导，从而建立起实现目标所需的高度成熟的能力。

正如前文所说，实现这一切，**战略领导力是最重要的催化剂**。企业管理者需要不断地洞察环境的变化，并要不断地回答："我们是谁？我们要去往何方？我们选择了什么样的价值主张？我们如何去到想去的地方？我们的核心能力是什么？我们还需要哪些能力？"

不仅如此，管理者还需要经常掏出**"战略指南针"**校对一下，在保证自己不偏离航线的同时，还要将这些工作付诸实践。管理者还需要通过组织优化、人才锐化、做实文化，以及变革深化将企业带到新的高度。

管理者必须勇往直前，这样才能在目标市场中拥有制胜权。管理者对于未来必须满怀自信并虚怀若谷，还需要在遭到反对时勇往直前。

很明显，这对管理者要求太严格了，也很少有管理者具备这种类型的领导力。即使管理者下决心提升自己的战略领导力，然而在这条道路上依然会遇到很多障碍。管理者可能会因为根深蒂固的不良关系而止步不前，或者企业现有的奖励措施与价值主张不符，并且还要在短期利益和长期利益之间平衡。

事实上，持续提升战略领导力，发挥战略的力量并不容易，但这件事情魅力无穷。正所谓**做正确而难做的事情**。

为达目的，管理者需要勇往直前，需要信念所带来的勇气。但管理者不会孤独，因为在这条道路上，已有许多先行者。

在这里，我们吹响了行动的号角，通过战略从规划到执行的实践来成为更具战略领导力的优秀的管理者。反过来，这种领导力又会推动企业更好地发挥战略的力量。

相信这对任何一家企业的任何一位管理者而言，都是珍贵的传承。

案例解析：某公司战略规划到执行的实践

2021年10月底，Y公司的中高管团队以及部分骨干员工齐聚一堂。总结过去，展望未来：如何赢得明天。这是Y公司实施战略规划到执行流程的第3个年头。

2019年，Y公司实施"流程型组织"变革项目，其中战略从规划到执行（DSTE）就是很重要的一条流程。以下我们从战略规划到执行流程设计和流程实践两个维度介绍一下Y公司的成功案例。

流程设计：

第一步，选定战略规划到执行的模型，绘制流程图。在一次公开课上，Y公司的总经理接触到战略管理的钻石模型，就决定按照这个模型来梳理自己公司的战略规划到执行的流程。根据我们提供的模板（附录2）Y公司制定了自己的战略规划到执行的模型。

第二步，任命战略规划到执行"一条龙经理"，就是"战略经理"。Y公司经过内部讨论，决定采用"轮岗"机制。也就是每3年变更一次战略规划到执行的"一条龙经理"。选择3年的原因是，Y公司的战略规划（SP）是以3年为周期。第一个战略周期的"战略经理"由人力资源部经理担任。

第三步，流程宣贯和方法论的学习。流程确定后，公司内部开始了宣传贯彻并邀请我们进行了战略管理钻石模型的培训。这样一来在公司内部统一了战略规划到执行的语言，为发挥战略的力量奠定了基础。

流程实践：

1. 战略规划工作坊

1）组建战略委员会。每次工作坊之前，战略经理会先召集成立战略委员会。战略委员会通常有30人左右，由公司中高级干部+员工代表组成。战略委员会组建后，分成 4 个小组（1个"蓝军"组+3个"红军"组）。然后，每个小组选组长，先做预备会，团队熟悉。

2）资料准备。各个小组分头收集信息，包括但不限于：相关的市场及行业数据、报告，搜集竞争对手信息、客户需求分析等。最后，各小组的组织成员按照战略规划模板完成相应的资料准备。

3）战略制定研讨。这个活动共分为4个阶段：3年战略规划研讨、报告整合、战略决策和战略宣传贯彻。

第一阶段：3年战略规划研讨。上一年度的主要数据和行业市场看法的引申、答疑、补充，各小组检讨和分析，制定3年战略规划（SP）。红军与蓝军是对立关系，蓝军扮演的是行业对手，从竞争对手的角度围绕模板来进行研讨。

研讨之后，蓝军先发表意见，然后是红军发表意见，发表完由 CEO 点评，每小组用时平均1小时。

值得注意的是，一开始，Y公司战略规划工作坊邀请我们扮演引导师引导大家一起讨论。现在引导的工作由战略经理来承担，我们的角色变成了"过程咨询"顾问，也就是被邀请时才发言，最后会给出我们的整体观察和反馈。

第二阶段：报告整合。这项活动通常要在第一阶段结束后3天内完成，由战略经理带领各小组（红军和蓝军）一起，将4个小组的报告进行汇总，最后输出1个报告。

第三阶段：战略决策会。这项活动通常在第二阶段结束1周内完成。由一条龙经理主持，公司的经营管理团队对报告进行逐字逐句地确认并修改，最后由CEO做出决策。在这个过程中，大家积极地提出自己的观点和意见并敢于否定。

第四阶段：战略宣传贯彻。公司3年战略规划制定后，在员工群体进行宣传贯彻。当然宣传贯彻的核心在于战略方向，不会对具体的细节进行全员宣传贯彻。

2. 战略解码工作坊

3年战略规划制定后，战略经理组织原班人马进行一次战略解码，也就是从3年战略规划解码到年度经营计划（BP）。在这次解码工作坊中输出下一年度的"硬仗清单"，并编写公司级的OGSM。然后还会讨论人力资源预算和财务预算等。

一次解码后，各部门负责人带领大家进行二次解码，也就是把公司经营计划解码到各自的部门，然后经过汇报，通过后确定。在汇报过程中，其他各部门的人员可以质疑、挑战。

3．战略复盘工作坊

Y公司的复盘分为月度、季度和半年度。每月25日进行月度复盘会议，主要针对行动执行情况进行复盘。季度复盘主要针对绩效达成情况进行。半年度复盘主要对战略方向进行复盘和评估，必要时做出迭代。

通过3年多的战略规划到执行流程的实践，Y公司管理团队的经营意识明显得到提升，管理团队的整体规划能力明显得到改善。团队成员对目标的态度也发生了改变，原来得知目标后，会去证明其不可行，现在是证明目标如何可行。最重要的是，通过战略解码流程和OGSM让每一位成员知道自己的工作的意义和价值，明白了自己的工作与上位目标的关系，以及与公司战略意图的关系。

简言之，"上下对齐，左右拉通"，形成了统一的语言，更好地发挥了战略的力量。

附录1 三年战略规划模版

一、检讨和分析

1. 对前期（年度）公司层面战略和目标的检讨复盘和逐项分析

· 哪些做了，做得如何？

· 哪些没有做，为什么没有做？没有完成的是否需要纳入未来计划？

· 主要经验和教训是什么？哪些可以纳入未来的行动？

· 公司层面短板在哪里？

· 核心竞争力分析（凭什么客户选择我们？）。

· 未来主要改进的方面是什么？

2. 市场趋势分析和定义细分市场

· 今年市场发生了怎样的变化，未来的基本态势和趋势如何？整体的产业环境分析，如果涉及国家政策也需要重点分析，包括市场增长性和周边环境变化。

· 频繁使用舍得观，哪些舍弃、哪些聚焦，明确自身的细分市场在哪里，分析细分市场的主要特征和市场当前的状况。

3. 客户（用户）与渠道需求分析

· 所在细分市场的客户需求要素是什么？如果涉及渠道，需要分析渠道需求要素是什么？

4．现有产品及客户优先级分析

·分析现有收入优先级、利润优先级、产品优先级、地理市场优先级。

5．竞争对手分析

·竞争对手的基本情况和创新措施，未来竞争对手的可能策略是什么？

二、公司3年SP

1．机会点业务设计

可能的机会点，分析每个机会点的客户价值与我们的盈利模式。

2．战略控制点分析

哪些机会点可能成为我们的战略，其战略控制点是什么？

3．未来三年的愿景和主导方向

愿景是指三年后会达到怎样的一个基本面和景象？

4．未来三年的目标预测

目标是指具体达成这个图景后的相关财务指标和管理指标是什么，比如市场占有率、税前利润和收入等。

5. 未来三年建议的主要工作子策略

建议聚焦在市场、产品、客户、技术、供应链、服务、流程、组织建设、价值观与领导力、关键人才、数字化等方面的工作方向。

序号	策略名称	策略说明	验收标准	责任人
	市场策略			
	产品策略			
	……			

附录2 战略规划到执行流程图

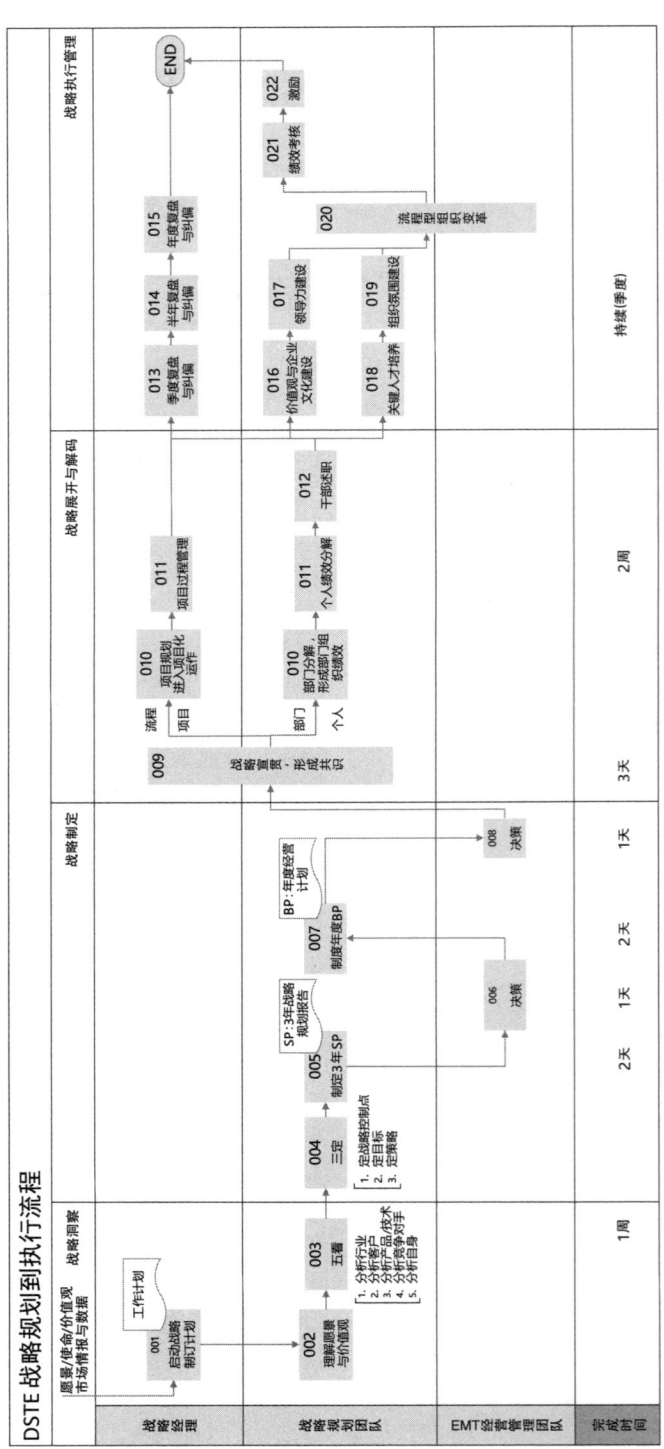

附录3 战略规划工作坊流程

战略规划工作坊主要针对RADAR模型的前两个步骤（战略洞察和战略设计）开展工作。战略规划工作坊通常由公司战略规划到执行的一条龙经理发起，团队高层管理者和中层管理者以及部分员工参与，其目的是输出公司的3~5年战略规划。

战略规划工作坊的流程如下：

导入：

这个环节非常重要，通常要由企业的最高管理者进行工作坊之前的演讲，强调工作坊的重要意义。

破冰：

由工作坊的引导者推动进行。其目的是介绍工作坊的流程并带领团队共创工作坊研讨的团队章程。

> **团队章程**
>
> 1. 积极主动
> 2. 直接沟通
> 3. 一次一人发言
> 4. 全程参加
> 5. 表扬鼓励，不批评
> 6. 是……和……
> 7. 决策机制：投票

团队章程是参会人员在工作坊中要共同遵守的共事原则，因此必须共创并确保每一位参与工作坊的人员都理解一致。

知识导入：

如果工作坊之前，企业已经组织过"战略规划"的相关培训了，这个环节可以省略。如果没有进行，则需要给参会人员进行基础知识的讲解，尤其是战略规划的流程。

回顾目标：

由企业的人员进行上一战略年度的经营状况分析，包括但不限于：目标的完成情况、客户情况、市场反馈情况（表扬和投诉）等。这个环节的内容也是工作坊开始前重要的准备事项之一。

差距分析：

此时，通常会把参与工作坊的人员分成4个小组（1个"蓝军"小组和3个"红军"小组）。4个小组分头进行差距分析并进行原因分析，以及完成画布1的填写。

画布1 差距分析表

目标：描述业绩差距、机会差距及其根本原因						
差距描述（尽量量化）				差距类别（√）		根本原因
类别	目标	实际	差距	业绩差距	机会差距	
销售额						
客诉						
毛利率						
人力资源效率						
产能利用率						
交期						

战略洞察：

第一，4个小组依次从趋势、市场（客户）、竞争等3个维度探索可能的机会、威胁和机会点并完成画布2。

画布2　三个维度看机会

	信息要点	对我们的影响	机会点
看趋势			
看客户			
看竞争			

第二，4个小组分别讨论并在画布3中画出企业的价值链（行业价值链和内部价值链），并通过价值链分析识别可能的机会。

画布3　企业价值链图

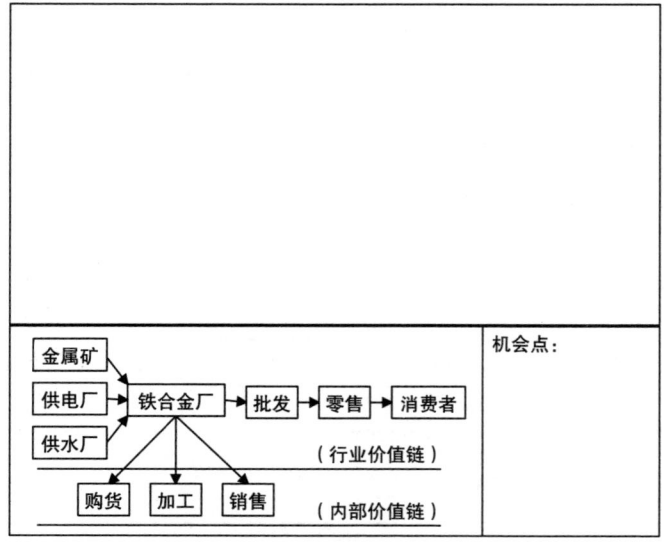

第三，4个小组分别对企业自身能力进行分析，从而识别自身的优势和劣势，并完成画布4。

画布4　核心能力分析表

	分类	优势	劣势
资源与能力	财务		
	技术/服务		
	市场地位/声誉		
	产品		
	人员		
	……		

第四，根据自身能力分析，由内而外地探索可能的机会，完成画布5。

画布5　由内而外的机会识别

类别	机会描述
实现卓越运营	
核心能力扩张	
创造性破坏	

第五，看机会。首先，4个小组根据之前的分析和共识，罗列所有的机会清单，完成画布6。

画布6　机会清单

机会	市场规模	利润率	市场增速	为什么是机会

第六，参会人员共同确定竞技场，也就是产品竞技、产业竞技和生态竞技，并绘制竞技场地图（画布7）。通过竞技场地图有助于进一步

分析公司的竞争地位。

画布7　竞技场地图

	产品	产业	生态
替代者			
新进者			
原来 参与者			

第七，参会人员根据机会清单、竞技场分析绘制机会地图（画布8）。

画布8　机会地图

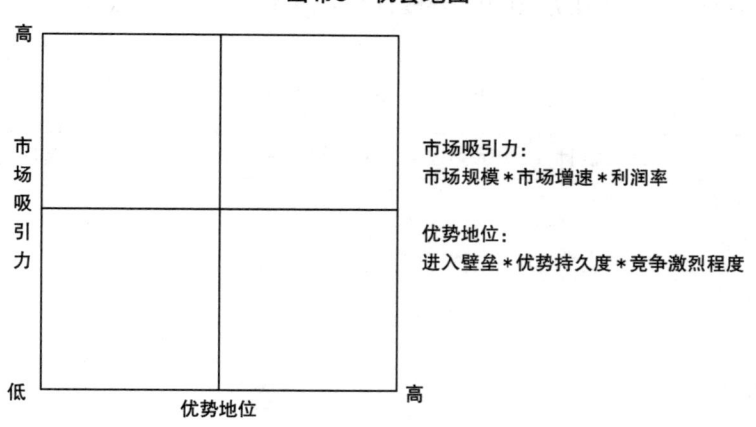

市场吸引力：
市场规模＊市场增速＊利润率

优势地位：
进入壁垒＊优势持久度＊竞争激烈程度

战略设计：

第一，明确意图。4个团队共同探索企业未来3～5年的战略愿景、战略目标和近期目标并完成画布9。

画布9　明确意图

愿景：	
战略目标：	
近期目标：	

第二，定策略。4个团队分别进行业务组合设计，并探索增长模式和创新方式，完成画布10。

画布10　业务组合

业务组合	内容	增长方式	创新模式
核心业务			
增长业务			
种子业务			

第三，4个小组根据上述业务组合表进行业务设计的探索。同时，通过现有业务设计和期望的业务设计导出关键任务，完成画布11。

画布11　业务设计对比表

	原有设计	期望设计	可能的挑战	关键任务
客户选择				
价值主张				
价值获得				
活动范围				
战略控制点				
风险管理				

第四，4个小组根据差距分析、业务设计对比表综合讨论企业的关键任务并制定关键任务清单，完成画布12。

画布12　关键任务清单

关键任务	描述	负责人
关键任务1		
关键任务2		
关键任务3		

第五，4个小组根据关键任务清单，确定与之匹配的组织设计，包括正式组织、人才、氛围与文化，完成画布13。

画布13　组织设计表

项目	与关键任务一致的组织设计	可能的障碍
正式组织 ·组织模式、组织架构、关键岗位 ·人员和活动的区域分布 ·流程、系统、授权 ·业绩考核系统等		
人才 ·需要的关键人才（数量、类别、技能要求） ·如何获取这些人才 ·人才的培养、激活和保留		
氛围与文化 ·要坚持的行为和希望看到的行为		

成果发布：

4个小组（1个"蓝军"小组和3个"红军"小组）根据上述综合研

讨参照附录1分别制定公司3~5年战略规划，然后进行成果发布。

后续工作：

3天工作坊结束，形成了公司3~5年战略规划的1.0版本。之后一周，战略规划到执行一条龙经理需要组织人员把红军和蓝军战略规划的优点进行整合，然后形成一套战略规划方案并向公司EMT团队进行汇报。

附录4 战略解码工作坊流程

战略解码工作坊主要针对RADAR模型的第三个步骤（战略解码）展开工作。RADAR模型中涉及两次解码：从SP（3~5年战略规划）解码到BP（年度经营计划）、从BP解码到部门和个人。工作坊开始前除了要准备相应的材料，也需要和企业沟通确认工作坊的流程。

导入和破冰：

这两个环节参照"战略规划工作坊"执行即可。

知识导入：

如果在工作坊之前，企业已经组织过"战略解码"的相关培训了，这个环节可以省略。如果没有进行，则需要给参会人员进行基础知识的讲解，尤其是战略解码的核心（OGSM）。

战略厘清：

由企业的有关人员起草3~5年战略规划的简报，回顾公司战略意图、业务组合和公司战略举措。

解码到公司：

第一步，明确公司年度销售目标。根据公司3~5年战略规划的历程研讨公司下一战略年度的销售目标，并分解到季度和月度。

第二步，利用安索夫矩阵对公司销售目标进行规划，如图1所示。

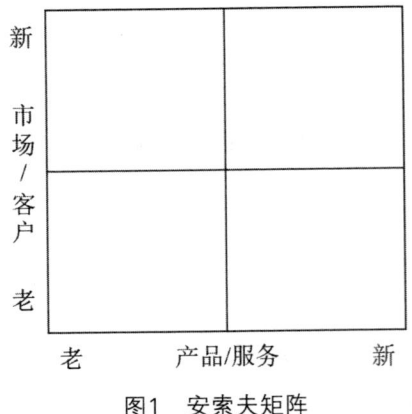

图1　安索夫矩阵

第三步，根据三年战略规划设定公司其他经营目标，包括但不限于：利润率、回款、资金周转率、大客户占比、流程效率、管理成熟度等。工作坊主持人应该引导企业共同确认公司的年度经营目标，同时可以按照平衡积分卡对公司目标进行确认。

第四步，研讨公司年度硬仗。年度硬仗就是实现目标所必需的策略，这个要考虑公司3年战略规划中的策略。

第五步，为策略制定衡量指标。

第六步，形成公司级OGSM。

第七步，汇报批准。

解码到部门：

各部门按照公司级OGSM进行部门OGSM的制定并汇报批准。

工作坊总结：

可以用ORID（学到什么、印象最深的是什么、带来的启发是什么和最后的决定是什么）进行总结。

附录5　战略复盘工作坊流程

战略复盘工作坊是RADAR模型的第四和第五个步骤（战略执行和战略评估）。RADAR模型中会涉及月度执行复盘、季度经营业绩复盘和半年战略方向评价复盘。在工作坊开始前，除了要准备相应材料，还需要和企业沟通确认工作坊的流程。我们以季度经营业绩为例描述复盘工作坊流程。

导入和破冰：

这两个环节参照"战略规划工作坊"执行即可。

知识导入：

如果在工作坊之前，企业已经组织过"复盘"的相关培训了，这个环节可以省略。如果没有组织，则需要给参会人员进行基础知识讲解。

目标悬挂：

这一步就是对目标的回顾，回顾上一季度的目标是什么，包括销售业绩等经营指标。

评估结果：

现状和目标的差距分析，也就是分析哪些目标实现了，哪些目标没有实现。

原因分析：

这一部分通常是最难的部分，因为稍不留神就会变成吐槽大会。因此，我们应该向内归因，并且最好借助模型进行思考。

成功要素：

针对这个部分，团队要提炼目标，达成关键的成功要素，也就是做对了什么，哪些目标达成了。

心智反转：

这一步是用来探测一下，我们内在的那些"小妖"，那些所有的内在的"小妖"是如何阻碍我们的心智和行动的。这是一个人要想在行为上发生转变的最大的一个"照妖镜"。这个部分可以借鉴卡普曼戏剧三角进行，如图2所示。

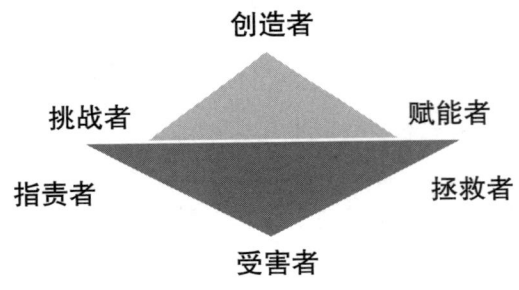

图2　卡普曼戏剧三角

行动探索：

借鉴KISS模型进行行动探索，如图3所示。

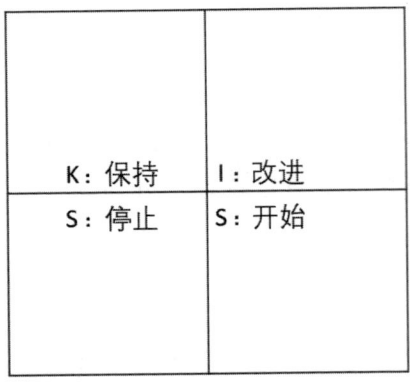

图3　KISS模型

工作坊总结：

可以用ORID（学到什么、印象最深的是什么、带来的启发是什么和最后的决定是什么）进行总结。

参考文献

[1] 杰克·韦尔奇，苏茜·韦尔奇．赢[M]．余江，玉书译．北京：中信出版社，2017．

[2] 咸宁新闻网．酷特科技创新探索：孤勇者与追光者[EB/OL]（2022-04-20）[2022-11-19].https://www.zhonghongwang.com/show-140-238465-1.html.

[3] 菲利普·科特勒，凯文·莱恩·凯勒，亚历山大·切尔内夫．营销管理（第16版）[M]．陆雄文，蒋青云，赵伟韬，等译．北京：中信出版社，2022．

[4] 亚德里安·斯莱沃斯基，卡尔·韦伯．需求：缔造伟大商业传奇的根本力量．[M]．龙志勇，魏薇译．杭州：浙江人民出版社，2013．

[5] 奚康．"新零售"视角下O2O商业模式的构建及检验：以小米之家为例[J]．开封教育学院学报，2019．

[6] 约瑟夫·熊彼特．经济发展理论[M]．郭武军译．北京：中国华侨出版社，2020．

[7] 查尔斯·汉迪．第二曲线：跨越"S型曲线"的第二次增长[M]．苗青译．北京：机械工业出版社，2017．

[8] 保罗·纽恩斯，提姆·布锐恩．跨越S曲线：如何突破业绩增长周期[M]．崔璐译．北京：机械工业出版社，2013．

[9] 埃里克·斯密特，乔纳森·罗森伯格，艾伦·伊格尔．重新定义公

司：谷歌是如何运营的[M]. 靳婷婷译. 北京：中信出版社，2017.

[10] 梅尔达德·巴格海. 增长炼金术：企业启动和持续增长之秘诀[M]. 奚博铨，许润民译. 北京：经济科学出版社，1999.

[11] 亚德里安·斯莱沃斯基，大卫·莫里森，特德·莫泽. 发现利润区 2：利润模式[M]. 张星译. 北京：中信出版社，2018.

[12] 邓斌. 华为成长之路：影响华为的22个关键事件[M]. 北京：人民邮电出版社，2020.

[13] 懒熊体育. 339亿背后，再看安踏的"单聚焦，多品牌，全渠道" [EB/OL]（2020-04-10）[2022-11-19].https://zhuanlan.zhihu. com/p/128458168.

[14] 谢林岩. 浅谈基于事项管理的战略解码工具在西北空管系统的应用与启示[J]. 民航管理，2019（12）:1-3.

[15] 杨爱国，高正贤. 华为财经密码[M]. 北京：机械工业出版社，2021.

[16] 理查德·鲁梅尔特. 好战略，坏战略[M]. 蒋宗强译. 北京：中信出版社，2017.

[17] 任正非. 任正非：为什么要进行自我批判[EB/OL]（2015-02-03）[2022-11-20].http://zhaoyunyang.com/post-491.html.

[18] 应届毕业生网. 华为的人才战略[EB/OL]（2022-12-17）[2022-11-20].https://www.yjbys.com/hr/rencaizhanlue/1374434.html.

申明：为了本书的论据更充分，也便于读者更好理解，本书稿件中参考了部分文献资料，有的文献出处因找不到原作者，无法向参考文献原作者告知被引用或是否需要支付稿酬事宜。在此特别说明，凡是有参考文献原作者发现本书引用到您的文献内容，请第一时间联系我们，我们将协调解决相关问题。联系邮箱：book166@163.com。